广东清远乡村振兴之路探索

张琦 沈扬扬 ◎ 著

研究阐释党的十九届六中全会精神
国家社科基金重大项目"伟大脱贫攻坚精神研究"(22ZDA091)阶段性成果

经济日报出版社
·北京·

图书在版编目（CIP）数据

广东清远乡村振兴之路探索 / 张琦，沈扬扬著 . -- 北京：经济日报出版社，2024.12
ISBN 978-7-5196-1412-6

Ⅰ. ①广… Ⅱ. ①张… ②沈… Ⅲ. ①农村－社会主义建设－研究－清远 Ⅳ. ① F327.653

中国国家版本馆 CIP 数据核字（2023）第 256532 号

广东清远乡村振兴之路探索
GUANGDONG QINGYUAN XIANGCUN ZHENXING ZHILU TANSUO

张　琦　沈扬扬　著

出版发行：	经济日报出版社
地　　址：	北京市西城区白纸坊东街 2 号院 6 号楼
邮　　编：	100054
经　　销：	全国各地新华书店
印　　刷：	三河市国英印务有限公司
开　　本：	710mm×1000mm　1/16
印　　张：	11.25
字　　数：	146 千字
版　　次：	2024 年 12 月第 1 版
印　　次：	2024 年 12 月第 1 次
定　　价：	56.00 元

本社网址：www.edpbook.com.cn，微信公众号：经济日报出版社
请选用正版图书，采购、销售盗版图书属违法行为
版权专有，盗版必究。本社法律顾问：北京天驰君泰律师事务所，张杰律师
举报信箱：zhangjie@tiantailaw.com　　举报电话：(010) 63567684
本书如有印装质量问题，由我社事业发展中心负责调换，联系电话：(010) 63538621

前 言

我国已全面建成小康社会，也全面打赢了脱贫攻坚战。编写《广东清远乡村振兴之路探索》，既是对清远2013—2020年脱贫攻坚历程的一次梳理和总结，也是讲好中国乡村振兴故事的一次有益尝试。本书编写过程中，我们始终坚持客观、真实、准确的原则，书中有关数据、图片、事例等资料，均来源于清远改革一线；在文字表述上，力求严谨规范、精练精准，尽可能做到通俗易懂。

本书的编撰得到了清远市委、市政府的大力支持，清远市扶贫办等有关单位对书稿内容提出了具体修改意见。本书的编写凝聚了有关单位和全体编撰人员的智慧和心血，是集体劳动的结晶、团队协作的结果。在付梓出版之际，谨对所有关心支持本书出版的各级领导、有关单位和编撰人员表示最诚挚、最由衷的谢意！

清远已实现了从脱贫攻坚到乡村振兴的顺利过渡，现阶段乡村振兴之路的探索仍在继续。本书希望通过回溯清远扶贫改革的发展历程，梳理清远改革发展之经验，记录清远敢为人先的扶贫改革进程之步伐；同时，本书也希望作为未来清远乡村振兴新航程的见证，激励清远在乡村振兴之路上锲而不舍，砥砺前行。我们有理由相信，在打赢脱贫攻坚这场硬仗后，清远人民一定能够在乡村振兴之路上创造新的更大辉煌。

张　琦

2024年5月

目录 CONTENTS

上篇 不忘初心，清远扶贫改革历程溯源 / **1**

第一章 不忘初心，步履不停 / **2**
一、穷则思变：扶贫开发试验区 / 3
二、创新试水："双到"手段求精准 / 6
三、步履不停：精准脱贫创发展 / 7
四、清远扶贫改革试验经验启示 / 10

中篇 牢记使命，伟大时代中的清远实践 / **13**

第二章 农村综合改革：扶贫治理的重要实践 / **14**
一、清远农村综合改革的扶贫逻辑 / 14
二、清远农村综合改革的实践脉络 / 18
三、"重心下移"与治理基础建设 / 19
四、"三个整合"与底层效率保障 / 23
五、清远农村综合改革减贫经验启示 / 28

第三章　党建引领：战斗堡垒的模范效应　/ 30
一、党建促脱贫的治理逻辑　/ 31
二、党建扶贫体系工作机制　/ 32
三、党建引领先锋示范效应　/ 36

第四章　惠民工程：编制保障安全网　/ 39
一、以基础设施建设促民生　/ 40
二、以公共服务发展提能力　/ 41
三、以金融环境营造助扶贫　/ 50
四、清远民生工程减贫启示　/ 52

第五章　产业扶贫：插上增收的翅膀　/ 54
一、造血式扶贫：产业扶贫的经济效应　/ 55
二、参与式扶贫：新型产业的收益模式　/ 59
三、清远产业扶贫经验启示　/ 63

第六章　奖补机制：内生动力的激发器　/ 66
一、初衷：清远奖补机制与激发内生动力　/ 67
二、成效：清远以奖代补机制的内涵及效用　/ 68
三、比较：清远"奖补机制"与乐山"奖励计划"　/ 75
四、启示：奖补逻辑内生动力探析　/ 78

第七章　社会扶贫：激发社会公益力量　/ 80
一、精诚团结：清远社会扶贫格局雏形　/ 81
二、匠心独运：清远社会扶贫格局探析　/ 81
三、聚力发展：清远社会扶贫格局成效　/ 87
四、清远社会扶贫格局经验启示　/ 90

第八章 消费扶贫：盘活互联网＋市场 / **92**

一、助农助贫：盘活市场的消费思路 / **93**

二、消费市场：扶贫新路的有力对接 / **95**

三、互联网＋：消费扶贫的衍生效用 / **102**

四、清远消费扶贫经验启示 / **104**

下篇　锐意进取，清远乡村振兴再起航 / **107**

第九章 美丽乡村：扶贫与乡村振兴的衔接点 / **108**

一、美丽乡村：扶贫实践的自然过渡 / **108**

二、衔接发展：减贫中实现振兴发展 / **113**

三、清远美丽乡村与扶贫相融合经验启示 / **122**

第十章 机制引领：清远相对贫困缓解之道 / **125**

一、相对贫困：从认知到践行 / **126**

二、识别之道：清远相对贫困 / **127**

三、长效机制："六个留下" / **129**

四、清远缓解相对贫困经验启示 / **134**

第十一章 绿色减贫：清远生态长效发展路径 / **137**

一、以生态建设促发展：清远绿色减贫背景意义 / **138**

二、以顶层设计铺道路：清远绿色减贫发展道路 / **140**

三、清远绿色减贫经验启示 / **147**

第十二章 城乡融合：破解二元结构难题 / **149**

一、城乡融合发展的历史脉络 / **150**

二、打破二元结构的清远探索 / **151**

三、清远扶贫一体化经验启示 / 157

第十三章　清远改革缩影：连樟村的巨大变化 / **160**
一、先试先行：连樟村两大改革主线 / 161
二、贯穿融汇：连樟村五大探索路径 / 163
三、自强不息：连樟村的发展成效 / 166

上篇

不忘初心，
清远扶贫改革历程溯源

第一章
不忘初心，步履不停

　　清远，中国广东省辖地级市。1988年1月7日经国务院批准设立，位于中国广东省中部，北江中下游，北面和东北面与韶关市为邻，东南面和南面接广州市，南面与佛山市接壤，西面与肇庆市相连，是广东省面积最大的地级市。清远总面积1.92万平方千米，约占全省陆地总面积的10.6%，下辖清城、清新两区和佛冈、阳山、连南、连山四县，并代管英德、连州两县级市。截至2019年底，清远市常住人口为388.58万人，其中城镇人口为207.89万人。清远市是广东省少数民族人口主要聚居区，是省内世居少数民族人口最多的地级市。受自然资源、区位交通等因素制约，清远市在广东省属于欠发达地区，贫困面广，贫困人口存量大，贫困程度深，且贫困人口分散，遍布清远市农村。同时，贫困农户收入低、致富渠道窄、贫困地区公共服务少、保障水平低等问题突出，成为制约清远发展的短板，也因此成为广东省域范围内扶贫开发重点区域。

清远市的扶贫改革历程可以划分为三个阶段：一是扶贫经济开发试验区背景下的农业与工业异地开发；二是开展"规划到户、责任到人"精准帮扶探索工作；三是新时代扶贫改革试验与精准脱贫创发展新阶段。特别是2013年创建国家级扶贫改革试验区以来，清远市立足本地实际，以激发贫困地区发展活力、增强贫困群众自我脱贫动力为目标，大力推进扶贫改革试验区建设工作。

2014年以来，伴随精准扶贫和脱贫攻坚战的进展，清远扶贫改革与发展可以进一步被归纳为四个层面：一是统筹推进，建立试验区政策体系。清远市人民政府印发《清远市国家扶贫改革试验区建设总体方案》（清府〔2014〕34号），并出台相关的配套政策和措施把行业资源和相关政策向贫困地区、贫困人口倾斜；二是改革创新，推进试验区建设。通过创新产业扶贫、就业扶贫、金融扶贫、社会扶贫等扎实推进试验区项目建设；三是树立典型，打造扶贫改革示范点。组织开展扶贫改革示范镇和示范村的创建工作，树立扶贫改革典型，以点带面促进试验区工作；四是加强指导，清远市扎实推进扶贫改革各项工作，并着重加强对各县（市、区）试验区建设的指导工作。下面具体回顾各个历程下的改革要点与主要改革成效。

一、穷则思变：扶贫开发试验区

这个阶段是1988—2006年。自1988年设立清远市以来，一直将扶贫开发作为农村工作重点内容，在这个时期，主要分为两个实践阶段：解决温饱背景下的农业与工业异地开发（1988—2000年）、整村提升战略下的基础设施完善与民生建设（2001—2006年）。在每个阶段开展不同主题的贫困治理实践，并取得了巨大的减贫成效，对缓解区域性整体贫困具有促进作用。

（一）一、二产业保温饱

1991年9月，清远市通过成立扶贫经济开发试验区，探索农业和工业异地开发，开展工业异地开发、农业异地开发、八七脱贫攻坚战等三个主题内容的扶贫实践工作，在改善贫困人口生存发展基础条件、解决农村人口温饱问题等方面发挥了积极作用。

一是创办扶贫开发试验区，实行工业异地开发。这一主题主要突出区域性扶贫。1991年3月，清远市委、市政府提出在市区附近创办扶贫经济开发试验区的战略构想，1991年9月经广东省人民政府批准成立，1992年11月经国务院批准列入全国农村改革试验区。其基本思想是：利用市区地处珠江三角洲、靠近广州交通便利等有利条件，集中政策、资金、项目、人才、技术和配套服务等综合优势，扬山区资源丰富之长，避山区交通闭塞之短，为国内外客商创造一个"名利双收"的投资场所。通过组织贫困县（市）乡镇到扶贫试验区内挂钩联办项目，按股比例分红，企业产值划归投资的山区县（市）乡镇统计，实现税利全额返还。同时，吸收乡镇干部参与管理，招收山区劳动力入厂就业，并实行"前店后厂"吸引深山、远山、高山的贫困县（市）乡镇跳出山门，到扶贫区与国内外客商对接兴办实业，从而走出一条以开放促开发，兴工促脱贫，异地发展，体外造血、贫富合作，共同受益的扶贫新路子。经过多年的开发建设，清远扶贫经济开发试验区已蜕变成国家高新技术产业开发区，基本形成了以生物医药、电子汽配、建材陶瓷、纺织服装等产业为主的工业体系，投资者遍及美国、日本等国家和中国香港、中国澳门及中国台湾等地区。国家高新区为清远山区脱贫致富起了巨大的推动作用。

二是组织人口迁移，实行农业异地开发。这一主题主要突出人口迁移。清远地处粤北山区，集"老、少、山、边、穷"于一身，石灰岩地区面积和人口均占全省2/3以上，覆盖5个县（市）的34个乡镇。俗称金、木、水、火、土"五行"俱缺，唯独不缺石头。石灰岩山区自然条件极其恶劣，山多树少、石多土少、坑多水少，农业资源十分匮乏，且自然灾害频繁，农业生产脆弱。对此，清远市委、市政府提出"把农业开发与人口迁移结合起来，以农业开发带动人口迁移，以人口迁移促进农业开发"的思路，实施人口迁移战略。

三是开展"八七"扶贫攻坚计划，解决温饱问题。这一主题重点解决温饱问题。1994年，国务院印发《国家八七扶贫攻坚计划》，提出集中人力、物力、财力，动员社会各界力量，力争用7年左右的时间，到2000年底基本解决8000万贫困人口的温饱问题。

（二）基础建设促民生

2001年开始，清远市围绕贫困村整村提升发展目标，结合扶贫开发两大会战和民心工程建设，重点推进农村基础设施完善和民生工程建设，为推动精准帮扶工作打下坚实基础。其中：一是开展扶贫开发"两大会战"，提升农村基础设施水平。这一主题主要改善石灰岩贫困山区生产生活条件。2000—2001年，广东省委、省政府在全省范围内开展以"四通"和"四个一"为主题的"两大会战"（"四通"即行政村村村通公路、通电话、通邮政、通广播电视；"四个一"即实现贫困户一人半亩保命田、靠挂一家龙头企业、输出一个劳动力、掌握一门脱贫致富的实用技术）。在此政策号召下，清远市扶贫开发经过艰苦奋斗，全面完成了"两大会战"的"四通"和"保命田"建设任务。二是实施"十项民心工程"，改善农民生活发展条件。这一主题主要解决突出的民生问题。贯彻落实中共广东省委、省政府《关于实施〈十项民心工程〉的通知》（粤发〔2003〕13号），具体内容涉及全民安居工程、扩大与促进就业工程、农民减负增收工程、教育扶贫工程、济困助残工程、外来员工合法权益保护工程、全民安康工程、治污保洁工程、农村饮水工程、城乡防灾减灾工程等。

二、创新试水:"双到"手段求精准

这一阶段是 2007—2012 年。2007 年 12 月,时任广东省委书记深入清远瑶山调研,提出扶贫开发要"规划到户、责任到人"。清远的扶贫"双到"跟全省一样,共分为两轮:第一轮是 2009 年至 2012 年,第二轮是 2013 年至 2015 年。"双到"工作是清远和广东在贫困治理精准施策方面的重要探索创新。

(一)扶贫"双到"与精准扶贫

在第一轮扶贫"双到"工作中,清远是广东省扶贫开发的前沿阵地和重点地区。2007 年,清远市共有 4 个省级扶贫开发重点县,占全省的 1/4;共有省定贫困村 302 个,占清远市行政村的 29.6%;按照省定的贫困标准,贫困线为农民年人均纯收入低于 2500 元。2013 年 4 月,清远市分别被省委、省政府办公厅和省扶贫开发领导小组评为"广东省扶贫开发'规划到户、责任到人'工作优秀单位"和"广东省扶贫开发工作优秀集体"。

(二)精准扶贫与"清远经验"

2013—2015 年,广东省委、省政府实施第二轮扶贫"双到"工作。2013 年,清远市连州、连山、连南、阳山 4 县(市)被列入省级贫困县。同年,按照广东省定的贫困标准,清远市共有 284 个村集体经济低于 3 万元,被省定为重点帮扶村,占清远市行政村的 27.8%。

为进一步提高"双到"的精准扶贫工作水平,清远市在总结完善"靶向疗法"的基础上,建立起以"精准识别""精准帮扶""精准管理""精准脱贫"为核心内容的精准扶贫机制。一是加强精准识别,二是落实精准帮扶,针对贫困家庭的贫困情况和发展能力制定相应的帮扶措施,落实"六个到户",确保因贫施策。此外,清远市加强精准管理,定期对贫困户帮扶措施开展评估，查找帮扶薄弱环节，采取相应的帮扶策略。通过开展短中长结合的扶持项目，确保需帮扶贫困户短期增加收入、稳定脱贫，长期有发展项目依托，实现长效脱贫。

整体上，在这期间清远市初步探索出一条具有清远特色的扶贫开发新路子，成功地创造了"清远经验"，得到原国务院扶贫办和广东省委、省政府的充分肯定。2014年10月，国务院扶贫开发领导小组授予清远市"全国社会扶贫先进集体"的荣誉称号。原国务院扶贫办主任对清远市"双到"工作采取的工作举措和显著成效给予了高度评价。

三、步履不停：精准脱贫创发展

2013年，国务院扶贫开发领导小组印发《关于设立扶贫改革试验区的意见》（国开发〔2013〕1号），清远市被确定为国家扶贫改革试验区（以下简称"试验区"）。为落实国家和省关于扶贫工作的要求，深入推进清远市建设试验区各项工作，探索更有效的扶贫机制和模式，清远市立足扶贫开发的好经验、好做法，深入推进扶贫改革试验与精准脱贫工作。清远市扶贫改革与精准脱贫工作有利于激发清远贫困地区发展活力，增强贫困群众自我脱贫动力，进一步消除相对贫困，缩小城乡区域发展差距，并促进城乡一体化发展。为全国推进扶贫开发工作提供了示范性经验。

（一）精准脱贫定目标

在前一段发展的基础上，清远锐意进取，勇于抓住历史机遇。作为首批国家级扶贫改革试验区，清远市加强扶贫改革与创新，通过扶贫"双到"与农村综合改革、扶贫改革试验区建设、振兴粤东西北战略"三个结合"，汇聚扶贫开发工作合力；通过实施"精准识别""精准帮扶""精准管理""精准脱贫"的"四个精准",不断完善精准扶贫机制;通过创建产业扶贫、技能培训及培训转移、金融扶贫、社会扶贫、"两项工程"的"五大品牌",切实提高帮扶工作成效。

从 2013 年起,清远市围绕实现贫困地区和贫困人口"两不愁三保障、一相当"的总目标,狠抓政策落实和工作落实,扎实推进精准扶贫工作,脱贫攻坚取得了明显成效。以扶贫开发"双到"工作成效和经验为基础,以解决相对贫困问题、尽快实现脱贫致富为首要任务,以增强扶贫对象自我发展能力为着力点,结合完善村级基层组织建设推进农村综合改革工作,进一步创新扶贫开发机制和模式,实现从"输血式"扶贫向"造血式"扶贫转变,形成贫困村、贫困户稳定脱贫致富的长效机制,推动清远市人民共建幸福美丽清远、共同实现全面小康。

截至 2019 年末,清远市已经实现新标准机制下的贫困人口全部脱贫目标、贫困村全部脱贫任务,并创造了具有清远特色的扶贫改革试验与精准脱贫经验和模式。2018 年 10 月,习近平总书记在广东视察工作时,专程前来清远调研,听取了清远市农村综合改革工作情况汇报,并到省定贫困村连樟村了解情况。习近平总书记充分肯定了清远市农村综合改革和相关工作。

(二)扶贫改革出成效

2013 年 1 月 16 日,原国务院扶贫办批准清远市建立国家级扶贫改革试验区。清远市坚持把创建国家级扶贫改革试验区作为当前和今后一个时期的一项重大工作来抓。立足本地实际,以激发贫困地区发展活力、增强贫困群众自我脱贫动力为目标,以创新扶贫开发机制和模式为抓手,积极推进扶贫改革试验工作。

一是推动"三个重心下移",构建脱贫攻坚新机制。激发贫困地区、贫困户内生发展动力,是扶贫开发的关键。清远以创新农村基层治理为切入点,深入推进党建、自治、服务"三个重心"下移,激发群众内生动力,提高农村贫困地区农民的组织化水平，有效夯实脱贫攻坚基础。通过在行政村一级建立党总支，在村民小组（自然村）一级建立党支部，扩大了党的组织和工作在农村基层的有效覆盖，突出强化农村党组织的领导核心地位；从市直机关单位选派230名正科级干部到贫困村中任驻村第一书记和工作队长，为贫困农村基层党组织注入了新鲜血液；以村民理事会为载体，以村级服务站为平台，推动基层村民自治重心由行政村下沉到自然村，夯实了基层党建基础，有效解决了服务群众"最后一公里"问题。

二是推进"三个整合"，构建贫困户稳定增收新支撑。针对清远市地处山区、农民居住分散、农村公共服务水平低、群众办事难等难题，清远通过"三个整合"构建出一套稳定的农户增收平台。具体来讲，在农村土地资源整合方面，针对农村承包土地分散细碎的状况，清远市以经济社为单位，通过村级基层组织积极引导贫困村整合土地资源，实现承包土地"多块变少块，分散变连片"。这不仅解决了土地撂荒问题，还推动了土地适度规模经营。在家庭农场、专业大户、农民合作社等新型农业经营主体培训方面，清远市政府牵头，打造农民增收联动机制。在财政涉农资金整合方面，清远将生态公益林补偿、种粮直补、农资综合补贴、良种补贴等普惠性涉农资金集中投入村中各项公共事业建设中，集小钱办大事。在涉农服务平台整合方面，在行政村（片区）一级建立了数千个社会综合服务站，通过联网办理、下放审批权限、实行代办员制度等措施，开展全程代办服务，变群众跑腿为干部跑腿，为群众带来优质服务。

三是发挥"三个优势"，构建脱贫攻坚新格局。为确保扶贫工作取得更大胜利，清远依托专项扶贫、行业扶贫、社会扶贫，调动政府、社会和贫困人口三方力量，打造全社会共同参与、互相支撑的脱贫攻坚大扶贫格局。具体来讲，一是发挥党委政府的政治优势，将试验区建设作为清远市经济社会发展的战略任务，列入各级党委"一把手"工程。二是建立管理评估、问责奖惩、统计监测制度，强化督查问责，强化责任落实。三是发挥行业部门的主导优势，加强部门联动，优化资源整合，形成齐抓共管的扶贫局面。四是发挥社会力量灵活的优势，认真组织开展"广东扶贫济困日"和国家"扶贫日"活动，多渠道搭建社会各界爱心捐赠平台，广泛动员企业和社会爱心人士参与扶贫开发。

四、清远扶贫改革试验经验启示

总结来看，清远市30余年的扶贫开发实践和扶贫改革试验创新工作，可以归纳为结合全面建成小康社会和相对贫困治理的现实目标和未来趋势，立足自身发展实际的创新探索之路。清远建立了扶贫责任、扶贫政策、扶贫投入、干部驻村、督查问责、社会扶贫六大体系；探索构建了扶贫改革试验的创新机制，为有力推进国家级扶贫改革试验区建设提供制度保障；同时，清远实施精准脱贫目标战略，对扶贫脱贫开展模式探索，为实现全面小康提供经验实践。上述具体内容在后面的章节我们会依次重点介绍，这里重点进行阶段性的总结和提炼：

第一，创新工作机制，构建扶贫改革试验体系。2013年以来，清远市利用承担全国扶贫改革试验区、中央农办农村改革试验联系点、全国涉农资金整合优化试点市、全国第二批农村改革试验区试点试验任务的契机，按照原国务院扶贫办有关扶贫改革试验试点的目标任务要求，以扶贫开发为牵引，坚持城乡区域统筹发展，深化农村综合改革，推进扶贫改革创新，解决制约贫困地区和贫困群众发展的突出问题，探索构建扶贫开发长效机制。具体来看：

一是创新精准扶贫工作机制。清远建立了动态调整、动态监测、科学识别、合理统计、对象瞄准、项目评估、考核激励等机制，继续对贫困人口信息进行登记造册、建档立卡信息化管理，并借鉴企业管理模式对贫困人口实施精准识别、精准帮扶和精准管理，有针对性地制定"可量化、看得见、落得实"的具体措施。同时，清远健全了脱贫攻坚组织保障体系。清远市、县两级均成立脱贫攻坚指挥部，创造性地建立了"周清月结季督查"工作机制和"提醒注意、督办通知、黄牌警告、移交线索"四项措施，为脱贫攻坚提供了坚强的组织保障。

二是创新就业创业脱贫机制。一方面，加强农村劳动力就业培训。另一方面，加强与珠三角企业联系，并充分发挥民族工业园、"两德"经济合作区等园区的优势，积极为困难群众创造就业岗位，引导农村劳动力就近就业，增加贫困家庭的工资性收入。

三是创新产业扶持脱贫机制。清远市以"三个整合"解决了土地细碎化问题，逐步实现适度规模经营；以"农业3个三工程"扶持"清远鸡、柑橘、茶叶"三大主导产业，培育新型农业经营主体；通过多种产业扶贫模式探索，增强产业带动能力。

四是创新生态扶贫和民族地区扶贫机制。按照主体功能区的划分，清远市推动北部地区生态发展，重点发展现代生态高效农业、生态特色农副产品种植养殖和深加工产业。此外，充分挖掘和弘扬民族地区优秀旅游文化资源，发展民族生态度假休闲旅游，有效带动民族地区群众增收脱贫。

五是创新金融扶贫机制。通过与金融机构构建对接平台，瞄准贫困人口重点需求，引导贫困地区群众在集体经济组织内部开展信用合作，全力推动贫困地区金融服务到村、到户、到人。

六是创新社会扶贫机制。结合"广东扶贫济困日"活动，清远市开展动员宣传，鼓励各类企业、社会团体、慈善机构和社会爱心人士参与扶贫开发，鼓励群众团体组织开展扶贫志愿者行动，借助企业资源拓宽扶贫开发路径，营造全社会共同参与扶贫济困的良好氛围。同时，清远市还积极开展"百企扶百村"行动，通过企业结对帮扶贫困村、贫困户，并利用财政扶贫资金以及金融扶贫小额贷款，有效增加贫困户的资产收益收入。

第二，探索扶贫实践模式，提升扶贫改革试验成效。在推进扶贫改革试验区建设过程中，清远市大胆尝试，探索出"以改革强基础、以发展促脱贫"的扶贫开发清远经验。主要有四个方面：

一是以党建引领为基础。一方面，清远市坚持"将支部建在村上"，在全市实施具有清远特色的"强党"战略，推动"支部建到村组、自治沉到村落、服务下到村里"，激活了党组织的"神经末梢"，使党组织的领导方式、工作方式、活动方式更加贴近党员群众，充分发挥农村基层党组织在脱贫攻坚战中的战斗堡垒作用。另一方面，清远市稳抓"头雁"工程，将一批能力强、威望高的农村带头人选拔到党支部书记岗位，并向相对贫困村选派一名责任心强、执行力强的"第一书记"，进一步加强了贫困村党组织建设。

二是以提升内生动力为源泉。在创建扶贫改革试验区过程中，贫困地区和贫困人口始终是脱贫的主体。清远市坚持将扶贫与扶智、扶志结合起来，一抓教育促思想观念转变，树立通过自己辛勤劳动主动脱贫的理念；二抓培训促劳动技能提升，打造了全员劳动技能培训、田间农业使用技能培训、党建基地和院校素质能力培训和"订单式"培训等模式，实现了"培训一人，输出一人，脱贫一户"的目标。

三是以产业扶持为发展路径。通过农业龙头企业和农民合作社，重点扶持帮助贫困户发展传统优势产业。同时，结合清远市开展的农村综合改革，通过发挥村民理事会的组织作用，有效整合了农村土地资源，确保农业持续增效、农民持续增收。

四是以稳定脱贫为重点方向。清远市积极探索构建稳定长效脱贫机制，以"六个留下"确保通过扶贫工作队、产业、治理机制、美丽乡村等方面的综合建设，实现稳定脱贫不返贫的良性发展局面。

中篇

牢记使命，
伟大时代中的清远实践

第二章
农村综合改革：扶贫治理的重要实践

正所谓贫困问题千头万绪，扶贫工作纷繁复杂。进入精准扶贫精准脱贫阶段，面对最难啃的"硬骨头"，清远市委、市政府深刻意识到扶贫机制的打造是提升扶贫工作效率和精度的有力保障。扶贫机制设计要考虑到整个经济社会各要素间的有机互动，因此，清远市将扶贫开发放在解决"三农"问题的大框架下开展，以统筹农村各项事业"一盘棋"的总体思路，对扶贫机制进行创新，以期从更深层次解决当地农村扶贫和发展问题。

一、清远农村综合改革的扶贫逻辑

众所周知，对广大农村地区而言，贫困不仅仅是一个经济问题，更是一个治理制度的问题。没有农村治理制度的建设，扶贫工作很难落到实处，也难以发挥农民主体作用，无法实现可持续发展。只有在行之有效的农村基层治理机制支撑下，才能实现农村资源要素的合理有效配置，进而激活其市场功能，解决农户生产经营困难，激发基层创造力与活力，从根源上促进农户生产收入提高，达到精准扶贫、精准脱贫的战略目标。可以说，高效的农村基层治理和有效的农业资源要素配置，既是深化扶贫改革的必要条件，也是解决"三农"问题的重要突破口，更是促进农村经济发展和社会和谐的基石。

自2012年起，清远市承担国家农村改革试点任务，成为第二批全国农村综合改革试验区。借助此契机，清远对自身扶贫改革发展思路有了新的思考——农村综合改革归根结底是为了发展农村经济、改善农民生活面貌、维护农村社会和谐。为达这一目标，需要深入剖析影响当地农村经济发展及社会和谐的突出问题。清远市委、市政府通过多方调研探索发现，由于当地山区面积较大的地理特性和宗族文化盛行的社会特性，大部分村庄（自然村、村民小组）规模不大，村庄内部因宗族维系有较强的内在联结，村庄之间因地理间隔缺少关联互动，由若干相隔较远的自然村（村民小组）组成的行政村承担"村两委"职能，引发了极具当地特色的农业农村问题：一是过大的行政村导致党支部服务对象数量庞大、组织建设相对滞后，难以切实服务群众、保证党对基层的领导；二是行政村所辖自然村之间缺少经济利益和文化交集，村民自治基础薄弱、治理主体缺位、公共事务治理困难、集体产权与治权分离、难以发展集体经济；三是山区地形复杂，土地产能不均、土地细碎化严重，涉农资金投入分散细碎，农业生产服务体系不健全等。这些问题的存在制约了当地农村经济社会发展，成为贫困户、贫困村脱贫摘帽的拦路虎，直接或间接地成为基层落实精准扶贫、精准脱贫政策的实际障碍。基于此，清远市开展了以创新农村基层治理、优化农村资源要素配置为重点的农村综合改革。具体通过如下方式解决了制度保障问题：

第一，创新农村基层治理，是实现农村发展、解决农村贫困问题的制度保证。理顺农村基层组织，加强基层组织的协调运作和治理能力，重点在于两个方面：一是保证党对农村基层的领导，在贯彻执行一系列政策过程中起到引领作用；二是充分调动广大农民群众参与民主政治、农村经济建设、农村社会发展的积极性。基于此，清远市以基层党建重心下移、村民自治重心下移和公共服务重心下移为切入点，对农村基层治理制度进行创新（如图2-1所示）。

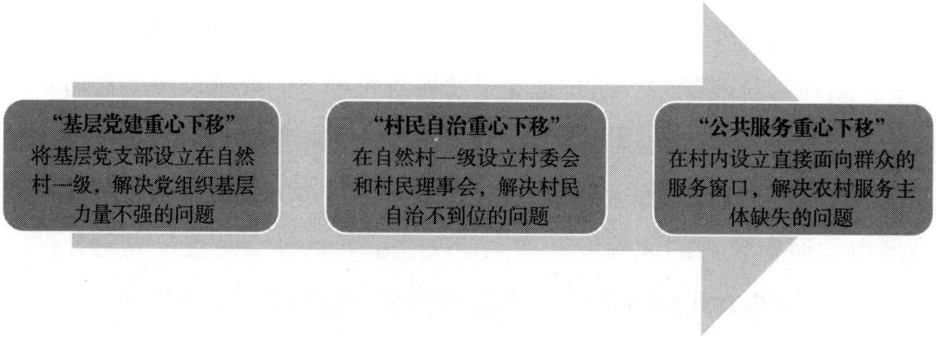

| "基层党建重心下移"将基层党支部设立在自然村一级，解决党组织基层力量不强的问题 | "村民自治重心下移"在自然村一级设立村委会和村民理事会，解决村民自治不到位的问题 | "公共服务重心下移"在村内设立直接面向群众的服务窗口，解决农村服务主体缺失的问题 |

图 2-1 清远基层治理的"三个重心下移"核心思想

具体来看：通过"基层党建重心下移"，将基层党支部设立在自然村一级，解决党组织基层力量不强的问题。村党组织作为整个党组织的末梢，既直面村民村务，又对上级党组织负责。完善村级党建引领下的乡村治理体系、夯实农村基层党组织在脱贫攻坚中的核心地位，是乡村治理和精准脱贫的重要抓手；通过"村民自治重心下移"，在自然村一级设立村委会和村民理事会，使自然村成为乡村自治的主体，解决村民自治不到位的问题。引导村民形成以利益互惠为核心的利益共同体，优化村民自治的方式，提高基层组织的凝聚力和办事能力，更为有效地统筹利用当地资源，发展壮大集体经济，从而提升扶贫开发的参与度和贫困村自身发展的内生动力以及自我服务能力；通过"公共服务重心下移"，解决农村服务主体缺失，农民生产资金、生产资料、生产技术缺乏的问题。其实质是改进直接面向基层和群众的"窗口"机构的服务与管理，形成便民利民的服务形式，从而建立起行政与自治适度分离又有机联系的治理格局，让村委会从繁杂的行政工作中解放出来，集中精力做好村民自治工作，助力精准扶贫和精准脱贫工作的深入开展。

第二，优化农村资源要素配置，是农村经济工作的基本内容，是壮大农村经济的实现路径。土地、资金和技术是农业生产最主要的物质资源要素，也是相对于过剩劳动力的稀缺要素，在实现村民有效自治的基础上，引导这三类有限的物质资源在基层的充分有效流动，是提高农业生产率、促进农村经济发展的关键。清远市以土地细碎化、涉农资金投入分散、农业生产服务体系不健全等问题为导向，通过整合农村土地资源、财政涉农资金及涉农服务平台对农村资源要素配置进行优化，提高农业综合生产能力，壮大农村集体经济。

具体来看：通过整合农村土地资源，解决承包耕地细碎化导致的土地撂荒、生产率低等问题。整合后的连片土地，有利于规模化、产业化种植，在整合土地的基础上培育发展家庭农场、专业大户、农民合作社等新型农业经营主体，有效提高人地资源配置效率，进而提高劳动生产率和土地产出率，从而促进农户增收；通过整合财政涉农资金，解决资金使用效益低下的问题。既能发挥财政资金的引导和杠杆作用，吸引社会资金参与，放大财政资金效用，又能壮大农村集体经济的力量，利用集中的资金优势帮助农户在农业生产各环节中形成谈判优势，或者以集中资金为基础撬动更多的资金进入，发展农村集体经济，提高农民收入和生活水平；通过整合涉农服务平台，解决包括农业生产技术在内的涉农服务资源分散、农业生产经营服务水平不高、优质服务供给不足的问题，其根本目的是解决村民及村级自治组织自身无法有效处理的涉农服务问题，是建立现代农业社会化服务体系的有效措施，也是落实精准扶贫、精准脱贫各项政策的重要途径。

由此可见，将扶贫机制与农村综合改革深度融合，以推动农业农村发展的全局视角审视和解决贫困问题，在创新农村基层治理制度的基础上，优化农村资源要素配置，可以从根源上促农增收，为达成精准脱贫及全面建成小康社会的战略目标提供基本保障。

二、清远农村综合改革的实践脉络

针对农村经济社会治理和发展中存在的深层次矛盾和问题，清远市先后制定出台了《关于完善村级基层组织建设推进农村综合改革的意见（试行）》（清发〔2012〕33号）政策文件。以问题为导向，围绕全国第二批农村改革试验区、全省创新农村基层社会治理、深化农村综合改革试点等任务要求，开展了以创新农村基层治理、优化农村资源要素配置为重点的农村综合改革。具体来看：

2014年11月至2016年底，清远市承担以村民小组、自然村为基本单元的村民自治试点工作。围绕村民自治重心下移，在符合条件的自然村（村民小组）设立党支部，在自然村（村民小组）成立17024个村民理事会，作为村委会加强村民自治与服务的重要辅助力量，在党组织领导下发挥协调作用。以英德市西牛镇、连州市九陂镇和佛冈县石角镇为试点镇，以自然村（村民小组）为单位设立村委会，缩小村民自治单元，探索在熟人社区开展村民自治。通过开展试点，健全以党组织为核心的村级基层组织体系，有效提升了农村组织化水平，也提升了农民自我管理、自我服务、自我组织能力。

2017年至2019年，经原农业部批复，清远市承担拓展试验任务，探索农村土地"三权"分置的有效实现形式，具体内容有四方面：一是健全农村集体经济组织。在行政村（社区）和自然村（村民小组）普遍成立了共

20868个集体经济组织,并基本实现了规范化;二是强化村集体对农村土地的处置权和支配权。将统筹整合土地的权力下放至村集体,解决耕地细碎化问题,推进农业生产的适度规模经营,截至2019年底完成耕地整合面积172.82万亩;三是保障农民土地权益。这一阶段基本完成了农村土地承包经营权确权登记颁证、农村集体资产清产核资验收工作;四是探索盘活农村土地、拓宽村集体和农民增收渠道的形式,如探索试行"土地股份合作""土地代管""企业+村经济社+农户"等具体模式,并对932个集体经济组织开展"资源变资产、资金变股金"改革。经过上述四项内容的落实,农村土地通过有效的权利资源配置发挥了更高的能效。

2019年10月经农业农村部批复,清远市承担农村改革试验新的拓展任务,探索健全稳定脱贫长效机制,至2021年底结束,这对清远农户实现长期可持续稳定脱贫,具有根本性的作用。

三、"重心下移"与治理基础建设

概括来讲,清远所开展的农村综合改革是以"三个重心下移"为核心,着力激发贫困地区群众自主脱贫和自我管理的内生动力,完善农村基层治理组织体系。经过分析,可以提炼出清远在"三个重心下移"中,党组织建设重心下移具有关键引领作用。可以说,党支部是领导核心,是带领村民脱贫致富的"火车头"。清远市将农村基层党组织、村民自治组织、农村经济组织"三个重心"均下移到自然村,在自然村一级均建立了党支部、村民理事会和经济合作社,为新时期扶贫开发提供良好的治理基础。下文中,我们重点对"三个重心下移"做具体介绍,帮助读者理解"三个重心下移"的基层治理重要意义。

（一）思想引领：党组织建设重心下移

为改善农村基层党组织覆盖面不广、党员作用发挥不明显的状况，清远将农村基层党建重心由行政村下移至自然村一级，充分发挥了村级基层党组织的政治优势和组织优势。同时，清远采取发展党员工作重点向农村倾斜的战略，不断调整优化自然村（村民小组）党支部及农村党员队伍结构，实现基层党建工作的纵深发展和广度延伸，提升农村党员队伍的整体素质。[①]

清远通过调整基层组织设置，破解了农村基层党支部"悬空"问题，充分发挥了村民小组（自然村）党支部党群连心桥作用，夯实密切联系群众的基础，丰富了党管农村工作的实现形式。农村基层党组织通过土地整合、美丽乡村建设、乡村振兴等载体，激发农民主体作用，调动自治组织、经济组织、社会组织等参与农村建设发展的积极性，构建起党组织领导下群众积极参与的共谋共建共治共享治理体系。

从建设成效上看，在精准扶贫、精准脱贫过程中，党建重心下移有利于发挥基层党组织的思想引领作用，转变农户"等、靠、要"的思想，积极引导农户创收的自主性；有利于发挥基层党组织的榜样作用，通过支部党员大胆尝试，探索促农增收的长效机制，为农户树立榜样、积累经验；有利于发挥基层党组织的服务作用，在贫困户精准识别、精准帮扶的方案制定、贫困户动态管理、扶贫产业选择等方面起到不可替代的服务作用。为了凸显党组织建设的重要意义，本书第三章将深入分析清远市党组织建设重心下移的主要做法和经验启示。

（二）内生动力：村民自治重心下移

村民自治是我国农村基层民主政治的重要实践形式。它发端于20世纪

[①] 在政策方面，2019年11月，清远市制定出台了《清远市发展壮大村级集体经济奖励办法（试行）》，办法规定，每年对带领群众发展村级集体经济有突出贡献的村"两委"干部及相关工作人员进行奖励，以激励村"两委"干部主动发挥引领作用。

80年代初期，发展于80年代，普遍推行于90年代。伴随着人民公社体制的解体而迅速普及，成为具有中国特色社会主义农村基层民主制度和农村治理的一种有效方式。自治的目的是使广大农村居民在本村范围内实现自我管理，处理好与村民利益密切相关的公共事务，保证国家对农村基层社会的有效治理。针对清远的实际情况，从2014年起中央一号文件接连提出探索不同情况下村民自治有效实现形式的要求，在有实际需要的地方开展以村民小组或自然村为基本单元的村民自治试点。对此，清远市围绕村民自治重心下移，在自然村（村民小组）成立村民理事会，作为村委会加强村民自治与服务的重要辅助力量，破解"政府管不好、干部管不了、社会无人管"的难题。由于农村集体资产、集体资源、集体资金大多集中在村民小组，将发展农村集体经济的重心从行政村下移至村民小组具有经济有效性。清远市引导各地农村依据土地等集体资产归属，在村民小组建立健全经济合作社，负责管理和经营农村集体资产，统筹利用本村资源，发展壮大集体经济，提高村级组织的凝聚力和办事能力。具体有以下做法：

首先，通过调整村委会规模，缩小村民自治单元，重构乡村共同体。清远将原"乡镇—村（行政村）—村民小组"调整为"乡镇—片区—村（原村民小组、自然村）"，使村民小组（自然村）成为乡村自治的主体，推动行政与自治分离，产权与治权融合的村民自治改革。在乡镇下面划分若干片区建立社会综合服务站，在片区下依据集体资产归属及地缘血缘关系，以一个或若干村民小组（自然村）为单位设立村委会，开展村民自治。片区社会综合服务站"兜底"承办上级交办的工作、开展公共服务和为群众提供党政事项代办服务，村委会集中精力做好村民自治工作。政府部门下沉到村的工作，实行行政事务准入村制度，采取政府购买服务方式进行。

其次，以建立和完善村民理事会为抓手，规范理事会职责范围、议事规则和成员产生规则。引导各地农村在村民小组（自然村）一级广泛建立村民理事会，村民理事会成员由村民推选产生，由热心公益事业的农村党员、村民代表、已退休的干部和教师等公职人员、各房族代表、德高望重的乡贤、致富能人等担任。村民理事会以村民小组（自然村）所辖地域为范围，以参与农村公共服务、开展互帮互助服务为宗旨，在村级党组织领导下开展活动，作为村委会加强村民自治与服务的重要辅助力量。

村民自治重心下移的成效和优势可以归结为如下方面：一方面有利于贫困户的精准识别。相较于行政村，自然村的活动半径小，是人们生产、生活发生实际关联的单位，是经济关联、文化认同、社会关系互相交织的有机共同体，不仅人与人之间相识度更高，而且弄虚作假、投机取巧等负面行为更容易被排斥，贫困户识别的精准度更有保障；另一方面有利于助力精准帮扶。在清远山区，一些村子自治半径过大，自治偏位、缺位现象难以避免。自治重心下移后，村委成员更容易结合本村的集体经济实力、村庄总体规划、村庄脱贫规划、贫困户的实际情况，制定针对性的帮扶措施。同时，也促使村民自我组织和自我发展能力得到发挥，在熟人社会的村小组，村民们能真正做到自己治理自己，村民更愿意付出和参与，村民间有了共同的利益，从而形成以利益互惠为核心的利益共同体，大大增加了自治的积极性，有效提升了贫困农户在扶贫项目中的参与度，激活了贫困村自身发展的内生动力。

（三）服务保障：农村公共服务重心下移

清远市所辖农村地区一直存在山区农民居住分散、群众办事不方便的问题。为了解决群众办事难问题，清远采取了农村公共服务重心下移的方式。具体来看，在县域建立健全县、镇、村三级社会综合服务平台，在县、镇建立社会综合服务中心，在行政村一级全面建立社会综合服务站，主要承担上级政府部门延伸到村级的党政工作和社会管理事务，集中开展便民利民的全程代办服务，推动基本公共服务重心下移，实现三级服务平台无缝对接。通过联网办理、下放审批权限、实行代办员制度等措施，开展全程代办服务，由群众跑腿变成干部跑腿。清远市在行政村（社区）一级全面建立公共服务站，共设立 1200 个村级公共服务站，为农民提供 8 大类 108 项农村基本公共服务，解决服务群众的"最后一公里"问题。

整体上，公共服务重心下移的本质是改进直接面向基层和群众的"窗口"机构的服务与管理，形成便民利民的服务形式。主要任务是解决农村服务主体缺失，农民生产资金、生产资料、生产技术缺乏等问题，并将行政服务、生活服务、生产服务、金融服务、文化体育服务有机结合起来，在基层农村形成了一种行政与自治适度分离又有机联系的治理格局。社区综合服务站承办上级交办的行政工作，成为承接政府职能转变的平台，不干涉村级内部事务，让村委会从繁杂的行政工作中解放出来，集中精力做好村民自治工作，做到行政的归行政、自治的归自治。而在精准扶贫、精准脱贫过程中，清远市创新性的公共服务重心下移改革，简化了贫困户行政服务程序和手续，提高了贫困群体服务获取度，搭建了企事业单位参与扶贫、脱贫的服务平台，同时逐渐承载便民小额取款、电商进村等新技术服务，提升了贫困户获取脱贫资源的便捷性。

四、"三个整合"与底层效率保障

2014 年，清远市在"三个重心下移"的基础上提出"三个整合"，分别是农村土地资源整合、财政涉农资金整合以及涉农服务平台整合。从改革逻辑上判断，"三个整合"优化了农村各类资源要素配置，有效解决了土地细碎化导致的生产效率低、财政涉农资金分散导致的资金使用效益低下，以及涉农服务资源分散、农业生产经营服务水平不高、优质服务供给不足等问题，有效解决了资源配置问题，为新时期扶贫开发提供底层效率保障。

（一）以整合农村土地资源提高土地资源配置效率

农村土地资源整合，主要解决承包耕地细碎化导致的土地撂荒、生产效率低等问题，推动农业适度规模经营。清远市农村人多地少且土地分散细碎，人均耕地面积1.4亩，农户承包地分散为六七块，甚至二十块，难以实现规模经营。针对这一问题，清远市引导有条件的村庄在村民自愿的前提下，由村集体统筹，采取置换整合等方式将原来各户承包的分散细碎的耕地变为连片集中耕地，解决承包耕地细碎化问题。在整合土地的基础上，清远市积极培育发展家庭农场、专业大户、农民合作社等新型农业经营主体，有效提高人地资源配置效率，促进农业适度规模经营，提高生产效率和土地产出率。清远市出台了《清远市农村耕地整合治理五年（2018—2022年）行动计划》，从2018年开始，市、县两级财政以奖代补支持以农民为主体开展耕地整治，完善农田基础设施，提升耕地综合生产能力。

专栏2-1：土地整合助力经济发展

叶屋村位于英德市石牯塘镇东北面。村中土地以丘陵和低洼地为主。20世纪90年代初，叶屋村民开始探索发展高收益种养业。但当时村集体分给农户的土地，户均承包土地面积10.6亩，有11处地块。土地细碎化问题严重，种养效益不高，到2009年底村民人均纯收入仅有3000元左右。年轻村民开始外出务工，导致村中务农劳动力不足，部分土地出现丢荒闲置的现象。截至2009年底，村中丢荒耕地面积已达50多亩。针对上述情况，叶屋村自2008年冬季至2010年春季，成立村民理事会针对土地细碎化问题进行家庭承包经营土地的调整整合。从效果上看，十年前的土地调整促进了土地规模化经营，提高了农业效益和农民收入。回顾叶屋村土地整合发展，具体包括如下行动：

集中回收土地。 在村集体出资完善农田基础设施建设的基础上，2009年冬季，村集体将村民所有水田、旱地和鱼塘回收起来。回收面积分两类统计，一类是1981年村集体分配给村民承包经营的土地，另一类是之后村民自主开垦荒地的土地。

统一分配土地。 把土地集中回收后,经村民理事会反复讨论磋商,制定出村民较为满意且简单易行的发包方案,明确原承包土地和开荒土地的分配、明确土地分配人员范围以及对外发包土地。

合理置换土地。 农户可按照各自意愿申请经营旱地、水田或鱼塘,经村委会同意后农户之间可进行土地置换。村小组按照"耕者优先""大者优先""同等条件抽签""按比例置换"的原则确定分配的地块和置换地块位置。

(二)以整合财政涉农资金提高资金投入使用效率

从经验上看,财政涉农资金项目分散往往会导致资金使用效益低下。针对这一问题,清远市制定出台了《清远市涉农资金统筹整合实施方案(试行)》,围绕"激活主体、集中投入、渠道不乱、用途不变、市场运作"创新资金管理使用机制,整合优化各级财政涉农资金,转变财政支农方式。以政府为主导,整合各部门的非普惠性涉农资金;以农民为主体,整合普惠性涉农资金。相应部门通过探索建立涉农资金统筹整合长效机制,促进涉农资金集中精准投放,进而提升支农政策效果和支农资金使用效益。清远市按照"源头整合,中间优化,末端放大"的基本思路,探索推进中央、省、市、县四级财政涉农资金整合,以期发挥涉农资金的整体合力。

在操作层面上,清远市将原来分散在市、县两级不同部门、不同项目、不同渠道的非普惠性财政涉农资金统一注入一个资金池,整合分为"农业综合发展、农业生产发展、水利发展、林业改革发展、农村社会发展、扶贫开发"六个类别。由县(市、区)依据这六个类别安排资金和组织项目,县一级在设计和实施项目过程中有更多的自主权。以项目为整合涉农资金的承接平台,引导涉农资金向重点区域和主导产业集聚。在此基础上,引进合作银行,开展项目融资,由合作银行参与项目设计和整合,将涉农资金整合后作为资本金进行融资放大投入项目建设,最大限度发挥涉农资金的放大效应,解决项目建设资金投入不足的问题。

普惠性涉农资金的整合主要依靠各地农村村民自治和村级组织的力量。在征得全体村民的同意之后，财政部门将发放给农户的涉农补贴资金（生态公益林补偿、种粮直补、农资综合补贴、良种补贴等）转入所在村民小组的集体账户。将分散的普惠性涉农资金整合到村集体，用于村中各项公共事业建设，集小钱办大事。从2019年开始，按照广东省的统筹部署，清远市持续深入推进涉农资金整合工作。

从整合财政涉农资金机制目标上看，在精准扶贫、精准脱贫过程中，整合财政涉农资金，既可以切实提高财政资金的扶贫使用效益，又可以在农村基层治理层面激活村庄的内生资源。例如，当村庄申报"美丽乡村"建设项目时，政府提供建设标准，村庄自主开展建设，验收达标后获得相应的财政补贴，这要求村庄前期垫资，这一部分资金就可利用村集体整合的涉农补贴。这样既撬动了社会资源，又增强了村庄内部的认同感，激活了村庄活力。整合财政涉农资金，建设村庄道路、水利等公益事业，改善村容村貌，使贫困户在脱贫过程中有更好的公共设施及服务可以利用，整体优化了生存环境，进而激发人们追求美好生活的内生动力。

（三）以整合涉农服务平台促进社会化服务体系构建

整合涉农服务平台，目的是解决涉农服务资源分散、农业生产经营服务水平不高、优质服务供给不足，村民及村级自治组织自身无法有效处理的涉农服务问题，是建立现代农业社会化服务体系的有效措施。清远市依托县、镇、村三级社会综合服务平台，统筹推进农村基层公共服务资源有效整合。一方面，根据农民生产生活需求，推动村级社会综合服务站功能向生产和生活服务拓展，向金融服务延伸；另一方面，结合供销合作社系统改革，各试点镇均在村级试点建设公益性与经营性相结合的生产生活综合服务站，涵盖生活超市、医疗、农机农技、农产品购销、电子商务、金融服务等内容。

从效果上看，整合涉农服务平台对脱贫攻坚起到重要的促进作用。其一，清远将各项涉农服务集于一体，不仅方便农户办事，节约农户时间，使其将更多的精力投身于农业生产中，有利于增加农户收入，加快贫困农户脱贫进程，还能简化办事流程，节约各单位的人力、物力、财力，有利于各单位将力量集中到脱贫攻坚战役中；其二，将涉农信息整合于同一平台，实现数据互通，既方便了农户办事，又有利于对各部门工作的规范化、标准化进行管理和调整，提升政策执行效率，还有利于脱贫工作的社会监督。

专栏 2-2：农村综合服务站助推农村发展

英德市西牛镇高道片区是新一轮精准扶贫省定贫困村。近年来，西牛镇积极探索高道片区涉农综合服务平台整合，进一步改善农民生产生活资料、生产资金短缺的问题。

一、在服务站建设行动上，高道片区采取市场化运营方式，引入社会资本，建成完善的农村日用品消费超市和农业生产资料服务中心，进一步提高了基层农业生产公共服务和社会化服务水平。2015年9月，高道片区综合服务站正式投入运营，服务站辐射带动周边群众近万人。服务站的主要功能包括公共事务、农村生活、农业生产服务等。此外，为破解农民发展资金瓶颈，高道片区还创新了农村金融，由村民发起成立了"高道经济联合社信用合作部"，会员按照一定的股金入社，无须抵押，只需要一人以上的会员作为担保，即可申请10倍以内的投放金，满足了农业生产"短、小、频、急"的资金需求，通过资金互助帮助农户脱贫致富。

二、在承销商涉农服务平台搭建上，农民的生产观念有了巨大的变化，从单打独斗到形成合作式经营，建立合作社信息中心平台，有效缓解了信息闭塞产生的风险问题。高道片区综合服务站的建成，取得了良好的经济效益和社会效益，切实方便了群众，带动了农户脱贫致富，让村民享受到与城里人一样优质便捷的公共服务。

五、清远农村综合改革减贫经验启示

结合农村综合改革推进扶贫工作是清远市扶贫机制创新的重要成果。总结来看，作为中央农村综合改革的试点，清远市通过深入推进"三个重心下移"和"三个整合"，强化了农村基层党组织的整体功能，提高了农村自治水平和农民的生产效益，为当地打赢脱贫攻坚战奠定了坚实的基础，为我国其他贫困地区提供了宝贵的经验与启示。

创新农村社会治理模式，使扶贫工作更高效。清远市改变以行政村为治理单元的农村治理模式，以村民小组（自然村）为基本单位设立村民委员会，在党组织领导下开展村中公益事业，推动行政与自治分离，实现产权和治权合一，重构乡村共同体，实现了农村社会治理模式的创新。通过完善农村基层治理体系，以有效治理手段实现农村贫困人口脱贫和可持续发展。党建重心下移到村民小组（自然村），可以充分发挥基层党组织在脱贫攻坚战中的战斗堡垒作用；村民自治重心下移到村民小组（自然村），可以有效提高贫困人口在扶贫项目中的参与度，激活贫困村自身发展的内生动力；农村公共服务重心由乡镇下移至村，简化了贫困户行政服务程序和手续，提高了贫困群体服务获取程度，提升了贫困户获取脱贫资源的便捷性。

整合农业生产要素，使扶贫成果更长效。在村民自治的基础上，整合农村土地资源，可以提高土地利用率，解决土地撂荒、生产效率低的问题。有效配置农业生产资源，实现适度规模化经营，可以提高贫困农户的农业经营收入。在此基础上培育家庭农场、专业大户，引导成立合作社，成为新型农业经营主体，形成解决相对贫困的长效机制，确保脱贫成果的可持续性。

壮大农村集体经济，使扶贫成效更牢固。精准扶贫、精准脱贫是以农民和农村集体组织为主体实施的，发展农村集体经济是新时期脱贫攻坚的必然要求。农村集体经济可以有效地将农民组织起来,统一农民思想,实现规模发展。可以充分调动包括贫困户在内的广大农民参与农村经济活动的积极性,更为高效地与社会资源相联结,实现小农户与大市场的有效对接。同时,农村集体经济的壮大,可以提高农民的抗风险能力,解除农民的后顾之忧,降低"小康过后非小康"的返贫概率。

第三章
党建引领：战斗堡垒的模范效应

　　我们在第二章以清远市的农村综合改革作为引领，介绍了"三个重心下移"对清远扶贫改革的重要意义。但如果要区分三个重心的重要程度，则首推党建引领在整个农村综合改革中的重要性。清远市"党建重心下移"是农村综合改革的核心，通过强化基层党建和党组织引领农村治理体系，在村集体建立脱贫致富指挥部，将扶贫开发同基层组织建设有机结合起来，把基层党组织建设成带领群众脱贫致富的坚强战斗堡垒，激发乡村振兴的强大动力。

中篇
牢记使命，伟大时代中的清远实践

一、党建促脱贫的治理逻辑

清远市通过加强农村基层党建和新时期精准扶贫精准脱贫工作，取得了党建引领脱贫攻坚的巨大成效。清远市党建促扶贫基本思路以三阶段划分（图3-1）：

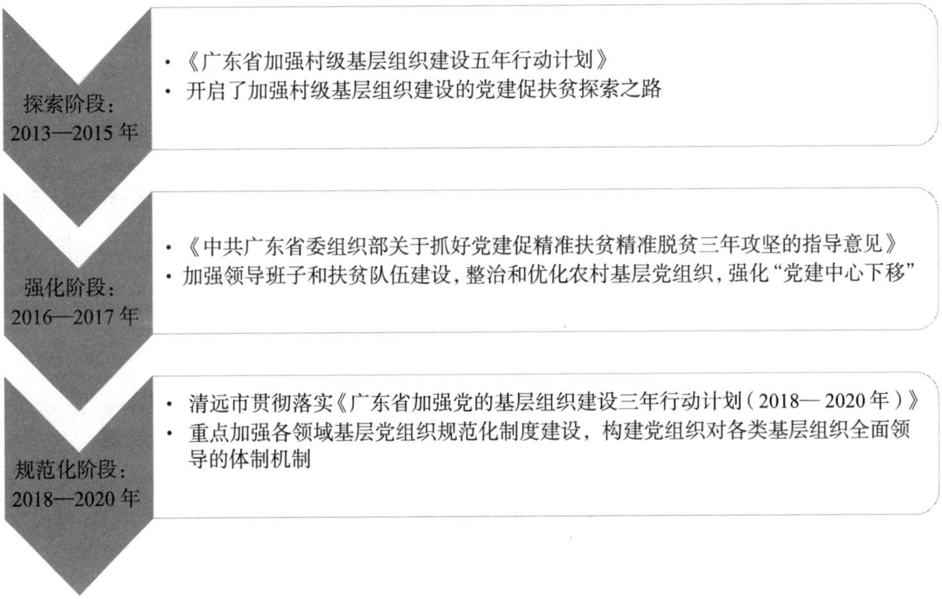

探索阶段：2013—2015年
- 《广东省加强村级基层组织建设五年行动计划》
- 开启了加强村级基层组织建设的党建促扶贫探索之路

强化阶段：2016—2017年
- 《中共广东省委组织部关于抓好党建促精准扶贫精准脱贫三年攻坚的指导意见》
- 加强领导班子和扶贫队伍建设，整治和优化农村基层党组织，强化"党建中心下移"

规范化阶段：2018—2020年
- 清远市贯彻落实《广东省加强党的基层组织建设三年行动计划（2018—2020年）》
- 重点加强各领域基层党组织规范化制度建设，构建党组织对各类基层组织全面领导的体制机制

图3-1 清远党建促扶贫的基本思路

一是探索阶段。2013年，清远市根据《广东省加强村级基层组织建设五年行动计划》等文件精神，扎实推进农村综合改革和"党建重心下移"，开启了加强村级基层组织建设的党建促扶贫探索之路。

二是强化阶段。2016年，清远市开始新时期精准扶贫工作，引领新时期下党建促扶贫工作有效开展，进一步加强领导班子和扶贫队伍建设，整治和优化农村基层党组织，强化"党建重心下移"。

三是规范化阶段。2018年，清远市贯彻落实《广东省加强党的基层组

织建设三年行动计划（2018—2020年）》，确定"规范化建设""组织力提升""基层党建全面进步全面过硬"的工作重心，重点加强各领域基层党组织规范化制度建设，构建党组织对各类基层组织全面领导的体制机制。

概括这条思路，即清远市坚持把夯实基层党组织建设同脱贫攻坚有机结合起来，充分发挥党的政治优势、组织优势、密切联系群众优势，充分发挥党组织的战斗堡垒作用和共产党员的先锋模范作用。通过实施精准扶贫、精准脱贫的两个三年攻坚计划部署，清远市党建促脱贫的成效整体提升，使得党建引领成为清远市精准脱贫经验的亮点之一。

结合清远市党建引领基本思路，本章将从党建扶贫开发体系、"党建重心下移"、扶贫干部队伍、"头雁"和党员先锋工程四大方面，详细总结清远市党建引领脱贫攻坚，探索乡村振兴的经验。下面，我们将延续上述思路构架，从党建扶贫体系、机制设置、作用渠道以及凝聚内核四个层面，对党建引领的具体工作内容和重要意义进行详细介绍。

二、党建扶贫体系工作机制

（一）党建引领扶贫工作机制和责任体系

本部分我们来重点了解清远市党建扶贫体系工作机制和责任体系。首先，清远市建立了分级负责的扶贫工作机制。具体来看，自2013年成立扶贫改革试验区，按照"中央统筹、省负总责、市县抓落实"[①]的总体要求，形成了"五级书记抓扶贫、全党动员促攻坚"的扶贫工作机制，以八大工程为抓手，成立了党政一把手任组长的扶贫开发领导小组，下设综合协调专责小组、资金管理专责小组、基础设施专责小组、产业开发专责小组、基本保障

---

① 引自：《脱贫攻坚责任制实施办法》。

专责小组、培训输出专责小组、督查问责专责小组、新闻宣传专责小组8个专责小组,具体负责推进全市新时期党建促精准扶贫精准脱贫的各项工作。

其次,清远构建了多级协作体系。具体从层级上看:一是建立干部驻村体系。组建市、县(市、区)、镇帮扶工作组,下派驻村工作队,建立干部联系帮扶贫困户制度,层层压实责任,确保对清远市相对贫困村、分散贫困人口帮扶全覆盖。根据《清远市精准扶贫精准脱贫驻村干部管理办法》,因村选派驻村工作队,精准派驻干部,选任第一书记;按照《关于建立我市新时期脱贫攻坚乡镇帮扶工作组的通知》要求,选派驻县、驻镇工作组,统筹帮扶工作。二是强化党政机关事业单位定点帮扶责任。清远市将有相对贫困人口的乡镇、省定261个相对贫困村的帮扶任务落实到党政机关、企事业单位、人民团体。全面落实干部联系贫困户制度,确保每个贫困户都有干部联系帮扶。三是建立督查问责体系。清远市将督查问责贯穿于脱贫攻坚的全部过程和环节,加强扶贫领域监督执纪问责的检查考核。实行扶贫开发两级督办直查制,将扶贫领域监督执纪问责工作纳入党风廉政建设责任制检查考核内容。在具体工作中,坚持日常督查与专项督查相结合,即以提醒注意、督办通知、黄牌警告、移交线索等"四项措施"加强日常管理,与"周清月结季督查"的巡查督导机制有机关联,开展扶贫领域专项巡察,强化问题线索排查,建立工作台账,实行领导分片包案,开展异地交叉检查,充分发挥一室一委的监督作用,建立健全了扶贫领域监督执纪问责的"大协作"机制。

(二)"党建重心下移"

党建引领脱贫攻坚的一项重要任务,即厘清和优化农村基层组织结构,建立以党组织为核心、为引领的新时代农村治理体系。总结清远市"党建重心下移"模式,具体包括以下三个方面:

一是调整和优化农村党组织结构。清远市结合自身农村实际情况,将农村基层党组织的设置方式由原来的"乡镇党委—村党支部"调整为"乡镇党委—党总支—党支部",在行政村一级或者转型后的社会公共服务站一级建立党总支,在村民小组(自然村)及符合条件的经济合作社、村办企业、专业协会等经济组织内部建立党支部。截至2015年底,清远市在行政村一级成立了1013个党总支,在村民小组(自然村)成立了9523个党支部。二是加强农村基层党组织运行经费保障。清远市各级财政进一步加大资金投入,积极支持村级组织运转,为农村基层党组织运行提供有力的经费运行保障。具体来讲,清远将1023个行政村纳入农村基层组织经费保障补助范围。三是将发展党员工作重点向农村倾斜。通过党支部的"成立—整合—优化",清远市实现了将基层党建落脚点下沉至村民小组(自然村),因地制宜,让党组织走进群众中去。从成效上看,将党支部的教育管理职能转变为突出党支部的服务职能,能够进一步实现"软工夫里出硬果子"。清远市通过制度引导和财政支持,将一批年富力强的农村能人吸纳进入农村基层党组织,优化了农村党员和年龄结构,加强了农村社会的治理抓手。

(三)党建引领对扶贫工作的机制保障效应分析

强化农村基层党建是清远市"党建重心下移"工作重点之一。从发展逻辑上看,这有利于党组织成为引领型、融入型、实干型组织,真正发挥农村基层党建对于精准脱贫强基础、促发展的引领作用。由此归纳出党建引领对扶贫工作的机制保障优势表现在如下三个方面:

一是有利于发挥党组织的示范引领作用。其一,有利于发挥基层党组织的思想引领作用。通过党组织示范作用,转变农户"等、靠、要"的思想,积极引导农户增收的自主性,激发农户在增收中的创新性。其二,有利于发挥基层党组织的榜样作用。村民小组(自然村)党组织通过大胆积极的探索与尝试,敢为人先地探索增收长效机制,为农户树立榜样,进而能够反向作用于村内的可持续发展。

二是有利于发挥基层党组织的服务作用。从治理逻辑上看,其一,有利于发挥基层党组织在产业发展中的引领作用。村民小组（自然村）党组织结合本小组的自然历史、文化环境，科学分析市场形势，因地制宜地发展扶贫产业，并在扶贫产业建设和发展过程中发挥模范带头作用，积极探索长效扶贫机制。其二，有利于发挥基层党组织在脱贫攻坚中的服务作用。在贫困户识别、贫困户帮扶方案制定、贫困户帮扶措施的逻辑、贫困户动态管理、扶贫产业的选择、扶贫产业的试种、扶贫产业的上马、扶贫产业的管理等方面，村民小组（自然村）党组织均可有效地发挥服务作用。

三是有利于发挥党组织战斗堡垒作用。精准整顿软弱涣散村（社区）党组织是一项长期的工作。针对上述问题，清远市持续全面深入排查和整顿软弱涣散村（社区）党组织，补齐软弱涣散短板，把基层党组织建成坚强战斗堡垒。通过选派干部将一些新理念、新思路带到软弱涣散村，有效改变当地群众的思想观念和陈旧意识，建强基层组织，推动精准扶贫，有效提升基层党组织的服务能力和治村理政水平，确保党组织正常开展工作并尽快发挥应有的战斗堡垒作用。

此外，党建引领的优势还表现在建立健全党组织领导下的农村治理体系，加强党组织教育在基层治理中的作用，整体推进基层党建信息化建设和高标准建设基层党组织活动阵地四个方面。

专栏3-1：村级党支部：飞鹅岭脱贫致富的指挥部

连州市九陂镇飞鹅岭村是党组织建设重心下移促进精准脱贫的一个生动例子。飞鹅岭村的土地以丘陵和低洼地为主，变化发生在2013年10月。飞鹅岭村成立党支部，建立"党支部领导、村民理事会议事、村民代表大会决事、村委会执事"的民主决策制度。通过党支部组织村民建设美丽乡村，通过筹资带领村民发展乡村旅游，改变了该村贫困的状况。截至2017年底，该村在党支部统筹下，通过整合财政

> 涉农资金及其他筹资方式，筹集超过550万元，建设面积为990平方米的文化室，修建村道、后山公园、篮球场与娱乐广场，安装太阳能路灯。飞鹅岭村不仅完善了村内基础设施，还建起了农家乐、农产品展示区、百果采摘园等，党组织带领群众致富奔康，发展乡村旅游，村集体与村民经济收入大大提高。

三、党建引领先锋示范效应

（一）队伍建设：驻村工作队的模范效应

前文对清远党建重心下移和党建引领的基本思路进行了叙述。本部分将重点以两项专题研究，分析党建引领下的两个重要作用途径：第一书记和驻村工作队，以及"头雁效应"。

自精准扶贫以来，在扶贫事业上全党全社会投入了大量力量。第一书记和驻村工作队就是其中重要的党建引领环节下的产物。驻村工作队长和第一书记任期原则上为3年，主要职责是推动精准扶贫，大力宣传党的扶贫开发和强农惠农富农政策，带领派驻村开展贫困户识别和建档立卡工作，与村"两委"干部一起研究制定和实施贫困村与贫困户脱贫计划，落实扶贫项目，确保贫困村、贫困户精准脱贫致富。

而在清远除了上述基本工作，任务可以归纳为"1+6+N"，"1"是指导基层组织建设，重点是支持和保障农村党组织发挥领导核心作用，推动党建引领乡村振兴示范村建设；"6"是推动脱贫攻坚、生态宜居美丽乡村建设、平安村镇建设、法治乡村建设、文明村镇建设、"四好农村路"建设，重点是对村（社区）重要事项决策、重大资金使用、重点项目建设等工作进行指导和监督；"N"是支持各镇村围绕乡村振兴自行开展的特色做法，组织开展农村党建示范活动，树立脱贫攻坚先进典型。

（二）引领示范：支部书记的"头雁"效应

2018年，清远市根据《广东省加强党的基层组织建设三年行动计划（2018—2020年）》重要部署，深入实施基层党组织"头雁"工程，加强村党支部书记为重点的农村基层干部队伍建设，以党组织书记引领带动为动力，以发挥基层党组织的组织优势聚合力，助力乡村振兴。选优配强农村基层党组织书记具体有两种方案，方案一是把村中有威望、能力强的党员选为党（总）支部委员、书记，通过他们带动村中年轻人积极向党支部靠拢，激发村民干事热情。方案二是实施"党员人才回乡计划"，选拔有情怀、有能力、有文化、有口碑的农村创业致富带头人、复员退役军人、外出务工经商人员、返乡大学生等群体中的优秀党员担任村党组织书记，没有合适人选则跨地域或从机关和企事业单位选派优秀党员干部担任村党组织书记。

在发展和培养农村党组织带头人方面，一是创新带头人选育制度，大力实施基层党组织"头雁"工程和"青苗培育工程"，创新推进"挂育工程"、"培育工程"和"引育工程"的"三育"人才战略工程，培育村级党组织后备干部。二是着力优化党员队伍结构，将发展党员重心向农村倾斜，重点在40岁以下、高中以上文化程度、政治素质较好、群众威望较高的村民小组长、村民理事会成员、致富带头人、复员退伍军人、外出务工返乡人员等群体中发展党员，进一步改善农村党员队伍的年龄和知识结构。三是通过吸纳农村精英，把有能力、肯干事的村民纳入党组织，发挥村级党组织的战斗先锋作用。此外，清远还积极建立农村基层党组织书记年度轮训制度。通过办示范培训班和抓全员轮训与学历教育的方式增强基层党组织的核心领导力。四是建立健全村干部保障和激励机制，通过提供奖励激励、打通基层党组织书记上升渠道等方式，保障和奖励举措能够激励村基层干部主动发挥脱贫领头作用，全身心投入脱贫攻坚的事业中去。

整体上，通过上述两种具体的党建引领形式，清远推动基层党组织建设全面进步全面过硬，强化基层党建引领农村精准脱贫和基层社会治理转型。

从成效上看，一是加强了贫困村基层党员的教育、管理和监督；二是发挥了党组织带头作用和党员先锋模范作用。党支部通过团结带领群众发展生产、壮大集体经济、改善村容村貌，大大增强了党组织的凝聚力和号召力，为乡村振兴提供了坚实的组织力量。

第四章
惠民工程：编制保障安全网

结合脱贫攻坚期间的"两不愁三保障"扶贫要求，以及乡村振兴战略中关于公共服务设施和服务能力建设的综合性要求，清远市明确了民生工程建设对扶贫和发展方面的重要性。2016年，为贯彻落实中央和广东省关于新时期扶贫开发的重大决策部署，确保如期打赢脱贫攻坚战，清远市委、市政府结合自身发展实际出台《关于新时期精准扶贫精准脱贫三年攻坚的实施意见》，按照"规划到户、责任到人"与扶贫改革试验相结合的实践模式，协调动员各方面力量，在推进农村基础设施、公共服务保障、营造金融扶贫环境等惠民工作方面出台相关政策，有效提高了贫困村基础设施水平、贫困人口公共服务保障水平，创造了良好的金融扶贫环境。为清远市消除贫困人口、全面建成小康社会奋斗目标提供坚实的基础保障。

一、以基础设施建设促民生

2015年清远市实施新时代扶贫开发工作，核心围绕基础设施条件完善与提升出台多项政策。清远市通过实施基础设施建设扶贫工程、农村水利基础设施建设三年行动计划、贫困地区农网改造升级工程，全面改善农村，特别是贫困村基础设施条件，为实现全面建成小康社会奠定了坚实基础。

具体措施主要包括：一是加大对贫困地区公路建设的投入力度，提升贫困地区国省道、县乡公路和农村公路路况水平；通过实施镇通贫困村公路路基路面拓宽改造工程、生命安全防护工程和危桥改造项目，重点推进贫困村200人以上的自然村道路路面硬化建设；二是通过加强农村公路养护管理，完善城乡交通运输网络和设施建设，推动乡镇客运站场建设，提高农村尤其是边远贫困村客车通达率；三是通过实施农村水利基础设施建设三年行动计划和贫困村农村饮水安全巩固提升工程，解决清远市贫困地区用水和饮水安全问题；四是通过实施贫困地区农网改造升级工程，全面提升了农网供电能力、供电质量和贫困村电力普遍服务水平；并通过利用分布式可再生能源建设，推动解决清远市贫困地区供电问题；五是通过推进贫困地区光伏开发，保障农村地区农光互补、渔光互补等新能源无障碍接入与消化；六是通过利

图 4-1 清远基础设施建设促民生的六个层面

用农村信息化投入建设，完善电信普遍服务补偿机制，统筹推进贫困村广播电视和宽带网络基础设施建设，推进光纤、4G 网络入乡进村，建设农村信息化先导村，提高贫困地区信息化发展水平。

截至 2019 年底，结合农村综合改革和美丽乡村建设，清远市 261 个相对贫困村如期完成了社会主义新农村建设任务，确保实现了贫困村由后队变前队。通过实施基础设施提升、水利水电等工程，实现了贫困村 100% 通硬化路、安全饮水和安全电网等目标，有效改善了贫困村生产生活生态条件，促进农民脱贫奔康致富，为乡村振兴奠定了坚实的基础。同时，清远市还积极整合各行业资金，促进了全市农村人居环境整治，使农村面貌发生巨大改变。

二、以公共服务发展提能力

清远市政府在 2000 年初即开始总结清远农村地区在基础公共服务上的短板，发现因病致贫和因教致贫是清远市农村致贫和返贫的两个重要原因。因此，加强教育、医疗、养老等公共服务方面的政策帮扶，将在清远市帮助农村贫困人口脱贫，避免其返贫方面发挥重要作用。具体来讲，可以归纳出清远市在农村公共服务保障政策设计和实施层面的几个核心要点，主要包括教育、医疗、养老和金融四个层面。

（一）教育扶贫政策发展历程

从实际情况出发，清远市总结其农村"因教致贫"体现在教育支出过大带来的经济压力和教育机会缺失两个核心方面。2006 年以前，由于城乡结构分治，城市中小学教育基础设施由政府公共财政承担；而在农村地区，财政对农村义务教育投入不足，农民承担大部分教育支出。因此，在经济不发达的农村地区，低收入家庭将有限的可支配收入全部或绝大部分分配给了子

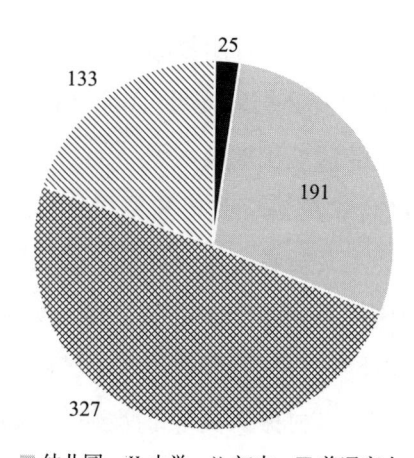

```
        25
   133
              191


           327


    ■ 幼儿园  ※ 小学  ≋ 初中  ■ 普通高中
```

图 4-2　2018 年清远市公办中小学数量（所）

数据来源：《关于 2018 年度清远市公办中小学教师工资收入情况报告》。

女的教育。农村教育资源的匮乏，因距离问题导致偏远地区儿童上学的时间成本和经济成本更高，清远"因教致贫"问题突出。

为解决农村教育资源匮乏，提高学龄儿童所受教育质量，改善农村教学环境，清远市政府出台一系列政策，从多个方面改善农村地区中小学的教学条件，促进教育公平，并提高学生的生活质量。具体来看：

一是学生资助惠民政策。为缓解贫困家庭教育支出压力，解决学生学业费用问题，清远市推出了一系列学生资助惠民政策，资助范围包括义务教育阶段、高中阶段、全日制专科教育阶段和就业阶段。在义务教育阶段，对建档立卡贫困户学生给予每生每年 3000 元生活费补助；在高中教育阶段，对就读普通高中和中等职业学校的建档立卡贫困户学生免学杂费（普通高中每生每年 2500 元，中等职业学校每生每年 3500 元），同时对这些学生给予每生每年 2000 元国家助学金和 3000 元生活费补助；在全日制专科教育阶段对建档立卡贫困户学生减免学费，并提供生活费补助（见表 4-1）。

表 4-1 学生资助惠民政策

学生资助惠民政策		
资助阶段	类别	金额（每人每年）
义务教育阶段	生活费补助	3000 元
高中教育阶段	学杂费	2500 元（普通高中）/3000 元（中等职业学校）
	国家助学金	2000 元
	生活费补助	3000 元
全日制专科教育阶段	学费	5000 元
	国家助学金	3000 元
	生活费补助	7000 元

数据来源：《清远市教育局关于推进教育精准扶贫精准脱贫三年攻坚实施方案》。

二是特殊困难儿童保障政策。清远市在全市范围内实施高中阶段残疾学生免费教育，有条件的地区还可以实现从学前教育到高中阶段残疾学生免费教育。对于特殊教育学校的义务教育学生，每生公用经费按照不低于普通学生 8~10 倍的标准拨付。针对义务教育阶段残疾学生的特殊需要，在"两免一补"基础上进一步提高了补助水平，各地根据实际对残疾学生提供了交通费补助。对于家庭经济困难的残疾学生，优先保障了其享受学前教育、义务教育、普通高中、中等职业学校和高等学校的助学政策。

三是职业教育富民政策。为推进职业教育进一步向贫困地区、贫困家庭倾斜，清远市致力于构建面向农村的职业教育体系。清远市积极推进广清职业教育对口帮扶工作，通过"1+1+1""1+2"等校校联合招生、合作办学等方式，充分发挥优质教育资源辐射作用，提高中职教育办学水平。有条件的县、市通过整合县域职业与成人教育资源，打造以县级职业教育中心和社区教育中心为龙头、乡镇成人文化技术学校为骨干、村民文化技术培训学校为基础的职业教育和成人教育三级培训网络，满足县域城乡劳动者接受职业教育和技能培训的需要。

四是贫困地区师资队伍建设。为保障贫困地区教师工资福利待遇，清远市要求尽快实现县域内教师平均工资水平不低于或高于当地公务员平均工资水平，农村教师平均工资水平不低于或高于城镇教师平均工资水平。对于农村边远地区和山区教师，施行差别化补助政策，重点向边远山区和艰苦地区倾斜。为进一步扩大补助范围，该政策实施对象从义务教育学校和完全中学扩大到公办普通高中和公办幼儿园的在编在岗教职工。除完善基本福利待遇外，清远市还建立了城区学校与农村学校之间、优质学校与薄弱学校之间的对口帮扶关系，定期选派优秀教师到"三区"（民族地区、革命老区、贫困地区）学校支教，培养骨干教师。这些举措切实提高了"三区"教师队伍的整体素质和水平（见表4-2）。

表4-2 教师生活补助（人均）

教师生活补助（人均）			
2015年	2016年	2017年	2018年
≥700元/月	≥800元/月	≥900元/月	≥1000元/月

数据来源：清远市教育局。

（二）医疗卫生政策发展历程

劳动力是农村贫困人口最重要最基础的资本，农村人口最主要的收入来源就是出卖劳动力，从事的工作多是体力劳动。因此，农村贫困人口在面临疾病和受伤风险时，受到的冲击更大。疾病或受伤致贫主要表现在两个方面，一是生病或受伤产生的医疗费用；二是生病或受伤导致劳动力的暂时或永久性缺失。为了改善农村医疗条件，为农村贫困人口提供医疗健康保障，清远市提出了以下政策：

一是农村人口大病专项救治实施方案。清远市卫生健康局与市民政局、市扶贫办、市医保局共同开展农村贫困人口大病专项救助，制定了清远市农村贫困人口大病专项救治实施方案。根据实施方案，为贫困患病对象建立救治台账，进行动态追踪管理；按照方便患者、保证质量的原则，确定医疗救治定点医院；在国家印发的相关诊疗方案、临床路径的基础上，结合各地实际，明确详细可操作的诊疗流程；充分发动村医、乡镇卫生院、社区卫生服务中心（站）及计生专干等基层卫生计生队伍，有计划地组织其到定点医院进行救治；对于县域内不具备诊疗能力的部分疾病，邀请省、市级定点后备医院专家提供技术支撑；充分发挥基本医疗保险、大病保险、医疗救助、健康扶贫商业保险等制度的衔接保障制度，落实了大病保险适当向困难群体倾斜政策，对困难群体下调大病保险起付标准，并提高了报销比例，不设年度最高支付限额；全面实现基本医疗保险、大病保险、医疗救助"一站式"直接结算，确保了救治对象方便、快捷享受到各项医疗保障政策待遇。

二是加强乡村医生队伍建设。按照国家和省关于深化医药卫生体制改革的总体要求，清远市提出了进一步加强乡村医生队伍建设实施方案，强化基本医疗卫生服务监管。该方案要求每个村卫生站至少应有 1 名乡村医生执业。为加强村卫生站管理和建设，提高乡村医生的服务能力和管理水平，村卫生站在 2017 年之前纳入基层医疗卫生机构信息化建设和管理范围，建立了统一规范的居民电子健康档案系统和医疗费用结算系统，实行乡镇卫生院和村卫生站统一的电子票据和处方笺。这一系列举措有效解决了农村贫困地区基础医疗资源缺失的问题，改善了贫困人口的医疗条件。

三是贫困人口家庭医生签约服务。清远市家庭医生签约服务从 2016 年开始实施，该服务逐步开展后，试点推进实施分级诊疗制度，实行县、镇、村三级联动，组建家庭医生签约团队，为群众提供基本医疗、公共卫生和健康管理服务。贫困人口家庭医生签约服务由各级卫生计生、民政部门和扶贫部门合作落实。扶贫部门负责提供农村建档立卡贫困人口有关信息，协助卫生计生部门和基层医疗卫生机构开展政策宣传，发动驻镇驻村工作队、驻镇驻村干部配合卫生计生部门和基层医疗卫生机构做好贫困人口家庭医生签约服务工作。基层医疗卫生机构家庭医生团队负责做好签约后的分类标识、信息统计与上报以及签约后的履约服务工作。家庭医生团队对签约贫困人口的健康状况进行体检和评估，实施健康监测并制定针对性的救治和管理方案，按需求和条件定期开展随访、健康评估、健康咨询、家庭病床等服务。

> **专栏4-1："望闻问切"扶真贫，"辨证论治"真扶贫**
>
> 　　南蒲村位于广东省清远市清新区太平镇东部，距镇政府1.1千米，总面积1.8平方公里，辖13个村民小组，总人口2094人。2015年，由广州中医药大学对口帮扶，当时有建档立卡贫困户46户101人，贫困发生率为4.8%。
>
> 　　在帮扶过程中，广州中医药大学驻村工作队抓住"精准"关键词，创造性地运用中医诊疗中科学严谨的"望闻问切"方法，针对南蒲村存在的问题用祖国医学的"辨证论治"方法逐步推动精准扶贫工作的扎实开展，为南蒲村实现精准脱贫，全面建成富裕文明的社会主义新农村打下了基础。那么，广州中医药大学驻村工作队是如何实现上述成效的呢？具体来看：
>
> 　　一是以教育扶贫作为辨证论治的主要方法。在提高劳动力素质，创造更高劳动价值方面，清远市以教育帮扶为切入点，先后组织社会企业、爱心人士捐书捐物，邀请团省委假期留守儿童支教夏令营到南蒲小学支教，邀请广州名校高中生及家长与寒门学子交流，直接帮扶在读大学生解决学费、生活费等后顾之忧，帮助实习和毕业大学生联系工作等多种方式，实现了贫困学生没有一人因贫辍学；利用村级远程教育平台，组织多次贫困户种养技能培训，组织贫困户参加镇以上各类就业招聘会20多人次，实现了有劳动力贫困户100%就业。
>
> 　　二是以医疗帮扶作为辨证论治的主要方法。在医疗帮扶方面，为预防因病致贫和因病返贫，驻村工作队利用自身优势帮助全村近2000人建立了详细的健康档案，干预重点人群的疾病预防和治疗；先后组织了11次大型专家义诊，到镇、到村、到户送医送药，服务全镇乃至清远市范围内群众近3000人次；邀请学校及附属医院专家教授到清远各级医院进行学术交流以及为群众进行多场健康科普讲座。此外，清远市还向学校提出并落实了由广州中医药大学第三附属医院帮扶驻地太平镇医院医

联体合作项目,广州中医药大学帮扶清新区政府合作建设二级甲等中医院项目,这些项目的成功签约将实现区域内老百姓在"家门口"即可少花钱看大病,减少因病致贫和因病返贫的发生率。

(三)养老保障政策发展历程

由于农村公共资源匮乏等困境的存在,清远市养老问题一直是农村发展的短板。为保障农村贫困老年人口老有所依,清远市开始为贫困人口代缴养老保险,并为农村留守老人提供关爱服务,从经济、医疗等方面保证农村老年人口的日常生活。具体来讲,清远市的改革措施包括:

一是代缴养老保险。清远市为建档立卡贫困户(在校生除外)全额代缴城乡居民养老保险,2018年的最低参保标准为120元/人/年,参加了养老保险年满60岁,未享受城镇职工基本养老保险待遇的农村有户籍的老年人,可申请领取养老金148元/人/月。对重度残疾人、精神和智力残疾人等特困群体,政府还会补助其缴纳基本养老保险费,补助金额会根据居民收入和物价变动而调整。养老保险的发放可以给农村贫困老人一份生活保障,在一定程度上解决农村贫困老人的基本生活问题。

二是农村留守老人关爱服务。为保障农村留守老人的基本生活,帮助农村贫困留守老人全部脱贫,清远市依据《广东省加强农村留守老年人关爱服务工作行动方案》(粤民发〔2018〕151号)开展了农村留守老人关爱服务工作。该方案要求建立信息台账与定期巡访制度。一方面以县(市、区)或不设区的地市为单位,全面摸清农村留守老年人基本情况,健全了信息共享和动态管理的农村留守老年人信息台账。准确掌握农村留守老年人的数量规模、基本分布、经济来源、家庭结构、健康状况、家庭赡养情况、照料情况、存在困难及赡养人或扶养人联系方式等基本信息,重点排查了经济困难家庭的高龄、失能和半失能留守老年人。另一方面建立以县(市、区)或不设区的地市为单位、乡镇（街道）具体安排、村民委员会协助实施的农村留守老年人定期探访制度，并为留守老年人提供相应的援助服务。该方案还强调督促赡养、扶养义务人落实主体责任。村民委员会要协助乡镇人民政府做好留守老年人的基本信息摸查工作；以电话问候、上门探访等方式，及时了解留守老年人的生活情况；将存在安全风险和生活困难的老年人作为重点帮扶对象，及时通知并督促其子女和其他家庭成员予以照顾，同时报告乡镇人民政府。

三是高龄老人津贴制度。为保障老年人利益，提高老年人获得感、幸福感，清远市开展高龄老人津贴发放工作。各地的高龄老人津贴发放标准分别为80~89周岁的老年人每人每月30~100元，90~99周岁的老年人每人每月50~150元，100岁以上老年人每人每月300~500元。截至2019年10月，全市高龄津贴受惠人数共计897233人，发放高龄津贴资金共计4919.716万元。

四是开展老年人能力评估工作。为真实了解老年人生活状况和服务需要，有效利用和整合养老服务资源，清远市积极开展老年人能力评估工作。特别是城乡特困、优抚对象、低保家庭及低收入家庭中60周岁以上老年人身份特征、身体状况、经济条件、居住状况等进行综合分析评价，主要为老年人选择养老服务类型，确定养老护理等级，建立老年人健康档案，合理配置"颐养居""居家养老服务站""农村幸福院"等养老服务资源，全面提升养老机构居家养老服务质量和机构运行效率，并为建立和实行养老服务补贴制度提供主要依据。

（四）公共服务发展实施成效

从发展成效上看，截至2019年底清远市医疗、教育、养老等基础设施已得到极大改善。对于农村贫困人口大病专项救治工作，截至2019年12月，全市共指定市、县（市、区）医疗救治定点（后备）医院17家，累计救治贫困人口大病患者2043人次。现已通过免收住院押金、按照临床路径管理、缩短医学检查结果报告时限、优先配药发药等方式实现贫困患者绿色通道，优化了对贫困患者救治流程，患者的诊疗费用得到有效降低。截至2019年底，贫困人口家庭医生签约服务已全面推进，全市在册贫困人口已全部签约。

在教育方面，清远市根据精准到户的三年教育帮扶规划，全面改变了贫困地区落后的教育面貌，高效完成了教育帮扶工作。2016年至2018年，清远市落实省、市、县各类政策及资金7.87亿元，资助各类学生106.15万人次。其中，资助农村义务教育阶段家庭经济困难学生300716人次，资助资金7347.2万元。高中（中职）助学金资助77370人次，资助资金7737万元。清远市助学扶志款资助491人次，资助资金56.6万元。扶助贫困大学生603人次，资助资金301.5万元。资助建档立卡家庭学生68471人次，资助资金14985万元，切实做到贫困生资助学段全覆盖、对象无遗漏。

在养老基础设施建设方面，清远市进一步扩大养老服务供给，发展成熟社区养老服务，并培育居家养老服务，促进机构养老服务提质增效。截至2019年底，全市已建成市级城市居家养老服务示范中心1个、县级城市居家养老服务示范中心1个，正在推进市级第二个城市居家养老服务示范中心。

在金融扶贫方面，为建立完善的金融服务体系，在"互联网+"的时代背景下，清远市通过统筹谋划并推进"互联网+信用'三农'"工作。从2013年开始以奖励等形式积极引入金融机构，并在2014年全面开展农村金融改革。2016年，在清远市金融服务建设初期，全市行政村100%完成金融服务站建设；成功组建24家以上新型农村金融合作组织；"特色农业担保基金"扶持农业特色种养户30户，涉农贷款金额600万元以上。清远市在2016年完成了征信体系建设，将全市农户信息录入征信系统，为小额信贷等金融产品的成功推广打下基础。为改善农户的融资难题，清远市还在各个县（市、区）设立了"政银保"合作担保基金。

三、以金融环境营造助扶贫

学界普遍证明了金融发展与减贫之间存在正向关系。为了让广大贫困户在家门口就可以享受到便捷高效的金融服务，有效提升广大贫困户的金融服务获得感、便利性和满意度，清远市以金融服务提升民生保障水平为主题，通过完善基础性金融扶贫政策、普惠性金融政策，探索了多种金融扶贫实践模式，努力打通了农村金融服务的"最后一公里"，让贫困户享受到了同等的金融服务。

通过总结，清远市的金融扶贫环境培育手段主要包括如下几点：一是降低市场准入标准，实施宽松监管政策。为引导金融机构下沉服务网点，保证金融服务在贫困地区实现全覆盖，清远市对各类金融机构和组织在贫困地区的乡镇、行政村设立机构网点等实行更宽松的准入政策。同时对贫困地区设置差别准备金动态调整机制，对贫困地区符合条件的金融机构新发放支农再贷款实行进一步优惠利率，适当提高对扶贫类贷款不良率的容忍度。这一举措有助于提高农村金融的活跃度，让农村贫困人口有机会享受到更丰富的基础性金融服务。二是丰富信贷门类，加强金融服务创新。丰富扶贫小额信贷的产品和形式，创新贫困村金融服务，可以改善贫困地区金融生态环境。清远市引导各金融机构组建扶贫金融专门机构，创新开发适合贫困地区、贫困人口的金融服务产品，对扶贫类贷款不限制信贷规模、不收取任何与融资无关的费用。清远市对符合贷款条件的建档立卡贫困户提供5万元以下、期限3年以内的信用贷款，以支持建档立卡贫困户发展扶贫特色优势产业。三是扩大贫困地区融资规模，助力产业发展。为扩大贫困地区融资规模，给贫困户提供更多资金帮扶。清远市通过适当放宽建档立卡贫困户的小额信用贷款审贷门槛、降低利率水平和保险购买门槛，合理确定基础设施建设、易地扶贫搬迁、医疗救助等项目贷款保险的期限，建立健全扶贫开发贷款尽职免责制度。除了以上放宽政策外，清远市还支持贫困地区符合条件的企业发行股票上市，在全国中小企业股份转让系统和区域性股权交易市场挂牌，通过这些直接融资渠道获得资金。

整体上，建立完善的金融体系能够有效解决农村融资难、融资贵问题，从而推动农业增效、农民增收、农村发展。为了给农村贫困人口提供更完善的金融服务，清远市引进金融机构，鼓励银行等金融机构发展惠及农民的小额信贷和各类金融产品，积极推进基础金融的建设和发展。

专栏4-2："党支部+专业合作社+金融扶贫"助推精准脱贫

岭背镇地处阳山县北部，总户数9695户，总人口42447人；其中农业人口40355人，全镇共有78个党组织，12个村党总支。在新时期精准扶贫工作中，阳山县扶贫办指导岭背镇依托阳山县天㟼阳山鸡养殖专业合作社，按照"党支部+专业合作社+金融扶贫"模式，发展阳山鸡养殖产业。通过岭背镇政府自身总结和农户的真实反映，金融市场的打造以及金融扶持的接入对产业带动的影响形成至关重要。

故事缘起于2015年。由镇、村成立资金互助社，通过引导贫困户申请加入村互助协会，向互助协会申请2000元村级互助金，互助金存入县风险担保金账户，经农行阳山支行放大5倍，即1万元入股天㟼阳山鸡养殖专业合作社建设养鸡基地。有意愿与合作社合作养殖阳山鸡的贫困户，可以与合作社签订养殖协议成为合作养户。贫困户可以向银行申请贷款，款项直接拨付到合作社，合作社提供相应数量的鸡苗交由贫困户养殖。养殖期间，合作社无偿提供技术上的支持，贫困户在养殖成功后将产品以保底价出售给公司。该项目的推动解决了贫困户的养殖技术、资金方面的问题，引导和帮助贫困户积极养殖阳山鸡，形成了良性循环，让贫困户多渠道、多方式发展生产，增加收入，达到脱贫增收的目的。

四、清远民生工程减贫启示

新时代,清远市在民生工程保障发展方面出台了很多卓有成效的改革措施和政策机制,充分展示了清远市作为扶贫改革试验区的先行做法,为提升贫困村、贫困户的发展创造了有利条件,也为其他贫困地区的民生保障提供了可持续具有可参考借鉴的经验模式。总结其经验,可以被归为如下两个层面:

一方面,创新完善公共服务政策以推进惠民工程。完善的公共服务政策有助于提高农村贫困人口的生活质量,同时为贫困地区带去更多的发展机遇。在公共服务政策的推行上,清远市首先从疾病、受教育程度等根本性致贫原因的角度考虑,从兜底保障制度、教育制度、公共卫生制度入手,建立完善的社会公共服务体系。其一,清远市积极落实低保、五保政策,解决无劳动力贫困人口的基本生活问题,力求建立牢固的社会保障"安全网"。其二,教育作为致贫因素之一,可导致贫困代际传递和延续。为提高贫困家庭子女的受教育程度,缓解贫困家庭的教育费用支出压力,清远市认真落实国家的助学政策,确保贫困家庭子女不因贫困辍学,同时积极将良好的教师资源引入全市中小学,从多方面改善贫困学生的受教育环境。其三,医疗卫生建设是重要的民生工程之一,清远市开展贫困人口重大疾病救治方案,并提供家庭医生签约服务,这些举措可以有效提高贫困人口所享受到的医疗卫生水平。清远市通过基本发展层面的基础兜底保障,通过教育、医疗、养老等公共服务体系的建设,为扶贫道路打造基础性工程,为解决农村贫困问题提供基础保障。

另一方面,倾力打造金融服务环境以保障农民均等享受金融服务。金融服务在清远扶贫改革中具有创新意义和重要长远价值。从发展逻辑上看,清远市通过引入金融机构,普及信贷等基础性金融服务,活跃了当地的金融市场,并通过鼓励银行等金融机构为农村贫困人口提供小额贷款等方式,切实解决了农村贫困人口在种植和养殖过程中面临的资金短缺问题。可以说，银行等金融机构针对贫困户的小额贷款服务是和扶贫产业发展息息相关的，金融业务的繁荣可以解决扶贫产业发展中的资金问题。基于此，清远富有先见性地构建参与扶贫产业的贫困户、企业和银行等金融机构之间的互利共生关系，在扶贫体系可持续化上具有积极意义。

第五章
产业扶贫：插上增收的翅膀

产业扶贫是精准扶贫、精准脱贫的关键举措和打赢脱贫攻坚战的重要保障。产业发展和产业振兴既是扶贫阶段的重点，也是与乡村振兴战略衔接的重要契合点，对于全面建成小康社会、实现贫困人口和贫困地区同全国人民一道进入全面小康社会具有重要意义。对此，清远市因地制宜，创新完善产业扶贫模式，有效带动贫困户增收脱贫。本章将从清远市创新扶贫产业模式、各类产业主要的合作模式和收益分配模式等方面，对清远市振兴扶贫产业的改革路径进行详细介绍。

一、造血式扶贫：产业扶贫的经济效应

（一）产业扶贫的经济效益分析

产业扶贫是脱贫攻坚的重中之重。相比其他扶贫方式，产业扶贫可以将"输血式"扶贫变为"造血式"扶贫，将"开发式"扶贫变为"参与式"扶贫，培养贫困人口对于脱贫致富的内生动力，提高贫困地区的自我发展能力，让群众在"家门口"脱贫，同时保证脱贫效果的可持续性。产业扶贫以市场为导向，以经济效益为中心，是促进贫困地区发展、增加贫困农户收入的有效途径。不同于过去的送钱、送物式的物质扶贫，产业扶贫可以促进农村资源的整合，充分发挥农村的资源优势，发展具有地方特色的支柱性产业，让产业带动地方经济发展，解决就业问题，为当地贫困人口增收。

创新扶贫产业的重点在于因地制宜，找到各地区优势产业，发展具有当地特色的高附加值农业和旅游业等。不论是清远市还是全国其他地区，发展具有地方特色的扶贫产业对于当地的脱贫和防止返贫工作都具有重要的意义，主要体现在：

第一，重新整合生产要素，构建脱贫长效机制。与传统的扶贫方式相比，新的产业扶贫模式将产业与农户紧密衔接，将贫困户的土地、资本和劳动力等生产要素结合起来，由包括贫困户在内的利益相关方将这些生产要素进行匹配。这种扶贫方式凸显了贫困户的主体作用，着重强调贫困户自身拥有的土地、劳动力等要素的参与，构建了一个多主体、多要素参与的长效机制。

第二，强调共同参与，增强内生动力。创新性的产业扶贫是一个共同参与的过程。农户可以入股、务工或者自己发展产业，积极参与到农业生产中。产业扶贫还可以给贫困户提供一定的就业岗位和工作培训。与被动接受援助相比，这种共同的参与过程有利于激发村民的内生动力。同时，政府引导、企业管理、村委会参与可以促进贫困户在参与过程中就各种事项达成共识，促进贫困户的公民意识培育和思想观念的转变。

第三，利用特色资源，推动产业发展。在产业扶贫的过程中，因地制宜将特色资源打造成特色产业，推动形成特色品牌，将"特色"转变为市场优势和经济优势。例如，通过打造"一村一品，一县一业"，将具有地方特色的种植业、养殖业、农产品加工流通业、消费型商业、文化型旅游业等依托乡村资源衍生的新业态形成一个大产业链，促使一二三产业融合发展，进而打响区域品牌知名度。

第四，带动人口回流，助力乡村振兴战略。产业扶贫还会产生更多的就业岗位，带动农村人口回流。农民工、大学生和退役士兵等人员返乡创业，相当于农村发展的一次"人口支援"，有利于激活农村资源要素，培育发展新动能，促进农民就业增收。因此，带动人口回流是发展县域经济的重要力量，是脱贫攻坚的重要力量，也是实施乡村振兴战略的重要内容。

第五，探索农村发展新模式，打破城乡二元结构。产业扶贫的意义不仅停留在扶贫层面上，通过不断的探索，我们还能从中找到农村发展的新模式，增强农村的吸引力，缩短农村与城市之间的距离，打破城乡发展的二元结构模式。脱贫攻坚离不开产业的支撑，将产业的力量引入脱贫工作，不仅可以让贫困人口脱贫，还能帮助他们致富。

（二）清远特色产业扶贫模式

类型一：**整合土地资源，发展高附加值农业产业**。农村的重要资源之一就是农民世代耕种和赖以生存的土地。清远市紧抓如何高效地利用土地资源这一点，着力解决农村贫困。从地理位置上看，清远市境内以山地丘陵为主，故用于耕种的土地资源较为分散。20世纪80年代初期施行大包干，各村按照田地的质量平均划分：水田、旱地每家各占一部分，再按道路远近、肥瘦，分别分成多块，在农村大面积耕地本就不多的情况下，每个人分到的土地过于细碎、分散。针对上述情况，清远市为了提高土地资源的利用率，开始开展土地置换整合工作。截至2015年10月底，共有17475个经济合作社签名同意开展土地整合，占总数的89.3%；同意整合耕地面积216万亩，占总耕地面积的83.2%。

> **专栏5-1：清远农业产业发展出高端"菜篮子"**
>
> 　　清远市农业产业培育对提高广东地区乃至全国居民的菜篮子种类和品质具有积极意义。例如，清远市的英德红茶驰名中外，历史文化悠久。茶产业是清远市比较成熟的产业，可以有效带动贫困户持续增收。清远市的水果产业包含的水果种类繁多，且都是具有较高经济价值和成熟市场的水果，其中包括柑橘、梨子、百香果等。因为气候适宜和种植技术成熟，清远市的精品蔬菜在市面上广受好评，并被成功销往各大超市和餐厅，其中非常著名的蔬菜当属西牛麻竹笋和连州菜心。除了蔬菜，在众多的养殖产业中，作为清远市农业三大支柱产业之一的清远鸡是清远市未来发展和建设的重点农产品品牌。和季节性的水果相比，清远鸡可以常年供应，为村民提供较为稳定的收入来源。为了提高清远鸡的销量，保证产销的对接，清远市还与电子商务平台、大型超市等销售渠道对接。
>
> 　　此外，粤港澳大湾区"菜篮子"工程于2019年5月正式启动，是按照"一个标准供应、一个平台流通、一个体系监管"模式建设的综合性服务平台。2019年8月底，粤港澳大湾区"菜篮子"生产、流通和质量监管体系已初步建立。该平台在全国已认定三批，共517个粤港澳大湾区"菜篮子"生产基地和首批44个产品加工企业，平台日均上线产品20多万公斤，且日供应量正在不断增加，累计流通量超2000万公斤。在粤港澳大湾区"菜篮子"生产基地中，来自国家级和省级扶贫开发工作重点县的生产基地有64个，辐射带动贫困地区农民4万多人。截止到2019年9月28日，清远市已有25个粤港澳大湾区"菜篮子"生产基地。

　　类型二：兴办工业园，引进工业项目。农产品种植会受气候等不确定因素的影响，为了增加贫困户的收入来源，让贫困户有更稳定的收入结构，同时解决农村剩余劳动力问题，清远市多地区发展工业项目，促进贫困人口在家门口就业，增加其收入，同时为村集体收入构建来源，推动农村集体经济发展。举例来看，清远市在东华镇等地兴办工业园，有效解决了农村富余劳动力的就业问题。以东华镇为例，该镇从2008年开始兴办清远华侨工业园，该工业园以新材料、精细化工、机械装备、电子电器四大行业为主导产业。华侨工业园兴办一年后就有签约项目66个。对于企业来说，相比东莞等地，华侨工业园的地价更便宜，工资水平也比东莞低；对于镇上居民和周边村民来说，在家门口就业，工作的同时也能兼顾家庭，一举两得。

类型三：建立光伏电站，充分利用当地资源。光伏扶贫主要是通过光伏电站的投资、开发为贫困农民带来可靠的持续性收入。光伏发电项目受益时间可长达20年以上，属于一次性投资，长期受益的项目。在光照资源条件较好的地区因地制宜地开展光伏扶贫，既符合精准扶贫战略，又符合国家清洁低碳能源发展战略；既有利于扩大光伏发电市场，同时有利于促进贫困人口稳定增收。清远市阳山县在2017年已经建成20个光伏扶贫电站，总装机容量4.45万千瓦，可使全县有劳动力贫困户3726户、11998人，年人均增收3000多元，基本实现了全县有劳动力贫困人口全覆盖。此外，光伏发电还可以与种植业和养殖业相结合，充分利用荒山、荒坡、鱼塘和大棚等资源。通过采用"水上发电，水下养鱼；水上遮阳，水下降温"的渔光互补模式来提高农村鱼塘利用率。

类型四：开设村中工厂，鼓励家门口就业。采用"企业＋村委会＋农户"的合作模式将工厂引入村中，是清远市精准扶贫路上的创新之举。该举措因地制宜，既充分利用了农村闲置资源，又顺利为当地村民提供了一份稳定的收入。例如，为了解决农村富余劳动力的就业问题，英德市连樟村引进佳美达（英德）玩具有限公司，在村小学闲置校舍内开设玩具加工点。该项目直接解决就业岗位150~200个，人均月工资收入2000~2500元，成为"造血式"的长期稳定增收项目。村工厂不仅有效盘活了农村闲置土地和资产，增加了村民个人收入，还实现了村集体收入的增长，推动村庄环境综合整治，加快美丽乡村建设步伐。

类型五：利用自然资源，开发休闲农业和乡村旅游。该模式下衍生了很多细化的发展方式，我们逐一介绍：一是开发乡村旅游景区。旅游扶贫是产业扶贫的重要形式之一，其在促进贫困村出列和贫困户脱贫方面扮演着重要的角色。清远市政府为了大力开发旅游资源，引导特色产品进景区、进宾馆、进饭店，在市内旅游景点设立农特产品专区，打造特色的农产品、手工艺品、畜产品等旅游产品品牌，并进行推介宣传销售。二是以民宿产业带动乡村发展。乡村民宿是将村民闲置的老旧房屋利用起来，改建成具有当地特色的民宿，吸引周边市民在节假日前来体验乡村风情。以清远河头村为例，该村帮扶单位省委办公厅与国业公司合作实施乡村旅游扶贫工程，投资100万元建造10栋旅游民宿木屋，由国业公司负责管理经营，产权归河头村委会所有，项目年投资回报率10%，所得回报收益主要用于解决贫困户子女教育问题、鼓励特困户发展生产、修建集中安置房和运营老人活动中心等。

类型六："三产融合"，协调发展。清远市在打造产业扶贫示范片时，不再将特定产业限定为第一产业，而是以产业融合发展为理念，注重农业多功能性的开发，实现一二三产业的融合发展，将贫困户与产业扶贫示范片有机捆绑，建立贫困户与产业扶贫实施主体之间的利益共享机制。为了尽快促进"三产融合"，广东省清远市主要从以下六个方面入手：一是完善要素市场，促进产业与资源要素融合；二是开展"一园一院一体一区"建设，打造产业融合载体与平台；三是建设特色小镇，促进"产城人"深度融合；四是拓展农业功能，促进相关产业深度融合；五是完善相关机制，促进新型融合主体健康成长；六是加大金融支持，破解产业融合发展资金难题。

二、参与式扶贫：新型产业的收益模式

在清远模式下，产业扶贫工作中，农户、公司、合作社等参与者都扮演了

不同的角色。在众多合作项目中（见图 5-1），政府往往扮演着介绍人的角色，为每个项目带来企业的管理经验、技术和资金，而农户则扮演土地和劳动力等资源提供者的角色。多方合作重在协调，如果能够将合作效益最大化，那么对于企业和农户来说，这样多方共赢的生意才能长期持续下去。总结清远改革经验，主要体现在合作模式和收益分配模式两大特殊层面上。下面具体分层次分析。

| "公司＋合作社＋基地＋贫困户"模式 | "公司＋基地＋贫困户"模式 | "合作社＋公司＋贫困户"模式 | "党支部＋合作社＋公司＋贫困户"模式 |

图 5-1　清远扶贫产业的合作模式

（一）扶贫产业的合作模式及其效应分析

为了在产业扶贫中融入多方力量，清远市大力推进多样化的产业扶贫合作模式，联合企业、农户和合作社等成员的力量，建立成熟、可持续的商业模式。清远市扶贫产业主要的合作模式包括以下几大类。

> **专栏 5-2：锦潭小镇农业公园**
>
> 　　锦潭小镇位于石牯塘镇镇域范围内锦潭水库坝下锦潭河滩，与墟镇相连，是高科技农业与生态旅游观光双产业叠加特色小镇。项目规划总面积 5.5 平方公里，总体投资规模为 30.5 亿元。从修建初期到 2017 年 11 月已投资 15 亿元，2017—2020 年投资预算为 15.5 亿元。锦潭小镇以"高科技精品农业＋生态旅游观光"为主题，融入高科技农业创新服务、生物农业产业开发、绿色种植养殖、绿色农产品深加工、科普教育、文化体验、电子商务、智慧快捷物流、宜居社区等产业。该小镇沿着连接锦潭水库的锦潭河而建，截至 2019 年底，小镇内的万人抓鱼场、温泉池等游乐项目已建好。

> 锦潭小镇采取"企业+镇政府+村委会+村民小组+农户"五级联创合作共建、运营独立、利益共享的创新发展模式。政府作为资源协调和政策引导机制,负责协调项目土地、用水、用电、环保和治安等方面问题,并不参与资产管理与资本运作。村委会负责园区内自然生态环境的保护,引导村民支持项目正常建设及运营,维护好园区内卫生、治安,并做好交通疏导工作。锦潭小镇运营后,村委会将从小镇运营的门票收入中获得提成。村民小组负责提供项目所需的土地和劳务,协助创建方管理。农民以土地资源作为股份入股企业,由建设方出资金与村民合作,按50亩左右为单元进行大格局整合规划,在不同板块建设不同主题的农场。农户承包一定面积的土地进行种养,种养出的产品达到收购规格后全部由公司收购。

第一类,"公司+合作社+基地+贫困户"模式。在这种合作模式中,基地会引入一定数量的贫困户进行生产种植,以保证产业规模;村民成立的专业合作社可以起到连接市场的作用,并提供生产或种植所需要的化肥、农药等产品;贫困户负责生产或种植,公司则提供技术指导,并保证以商议的价格收购村民的蔬菜水果、药材等产品。连樟村的大棚蔬菜就是采用这样的合作模式。该村大棚蔬菜由合作公司提供种苗和技术指导,合作社负责提供化肥、农药,最后由公司负责蔬菜的保底回收和销售。该基地共吸纳10户贫困户,每户承包1至3亩不等,每年可种植多种蔬菜,预计每亩产值可达2万元,每亩纯年收入1万元。

第二类,"公司+基地+贫困户"模式。在贫困户自愿的基础上,公司与贫困户签订种收协议,以协议价格收购贫困户的农产品,并将贫困户的种植土地纳入公司的基地范围。在这种合作模式中,公司还会给贫困户提供农药、种子、有机肥等生产材料和技术指导。在采用这种合作模式的项目中,贫困户还能通过入股获得分红,又或者进入基地务工获取报酬。清远市连山县的有机稻产业采用的就是"公司+基地+贫困户"的模式,在这种合作模式下,连山县永和镇的8户贫困户共种植87亩有机稻,按照公司的收购价格（2元/斤），平均每户每年可增收1.3万元。

第三类，"合作社+公司+贫困户"模式。在这种合作模式中，政府给予资金支持和技术指导，当地驻村工作组和村干部引导种植大户或养殖大户与贫困户对接，建立规模性的专业合作组织。此外，通过土地入股、股份合作制、订单帮扶等多种形式，贫困户与产业发展主体之间可以建立起利益联结机制，激发贫困户主动了解、参与、融入产业发展过程。例如清新区太平镇蒲兴村与千农生态公司合作，采用"公司+合作社+贫困户"的模式，打造"清新农场"休闲产业基地、香樟连片种植产业园、火龙果主题农业产业园等。

第四类，"党支部+合作社+公司+贫困户"模式。在这种合作模式中，党支部为龙头，党员为骨干，建立党员干部与贫困户一对一帮扶机制，引导贫困户加入产业联合体，并积极发展农民党员，吸引农民中的能人向党组织靠拢。英德市西牛镇的韭菜产业种植项目采用的就是这种模式，党支部起带头作用，让公司与当地的合作社签订韭菜连片种植合作协议，公司负责提供技术指导和农产品销售，有效转移了贫困户所面临的市场风险。

（二）扶贫产业的收益分配模式及其效应分析

根据扶贫产业合作模式的收入分配方式，我们把农业扶贫、旅游业扶贫和工业扶贫的收益分配模式分为以下五大类：

第一类，土地入股创收模式。由村集体拿出几十或者上百亩土地与公司合作，将土地用于修建景区、农产品交易中心，或者用于种植经济作物。在协议规定的使用年限内，公司将按照土地的总面积，每年支付给村集体一定金额的分红。在这种模式下，村民还可能会以种植蔬菜或加工产品等形式参与该项目的运营过程。部分民宿项目也是按照这样的模式进行分配的。村民提供住宅基地或老旧住宅，房产公司和对口帮扶单位以资金和技术入股，改建民宿，并将民宿每年收入的10%分给村民，村民保留该住宅的所有权。

第二类，土地租赁模式。公司以固定价格承租村集体的土地（可按照协议每五年递增 20% 的租金），村里每年都会有一笔收入，最后经村民会议表决，用于年终按人头分红。

第三类，管理承包模式。公司将蔬菜种植的田间管理任务按亩数承包给当地农户（包括贫困户），由农户进行田间管理。例如将韭菜的日常管理承租给当地农户，按照 0.25 元/斤计提劳力费，按亩产 1.5 万斤、每户管理 10~20 亩计，户均获利 3.75 万~7.5 万元/年。

第四类，就近就业收入模式。农产品种植、农产品深加工、旅游景区的日常维护、工业生产都需要工作人员，这些扶贫项目在为附近村民带来分红收入的同时，也为他们提供了工作岗位。也就是说，企业将把一部分的收入支付给为其工作的贫困户。以英德市联合前进食品贸易有限公司为例，公司每天出产韭菜 3 万~5 万斤，需分拣、包装、清洗韭菜的劳动力约 300 人，公司优先接收安排贫困劳动力到韭菜分拣中心上班，按照 0.4 元/斤计付工资，平均月工资收入 3000~5000 元。

第五类，资金入股分红模式。贫困户以资金的形式入股公司项目，公司按照不低于投资总额 10% 的收益回报给贫困户。贫困户用于入股的资金可来源于政府的扶贫开发资金，待合作期满后由公司将这笔资金还给政府。

三、清远产业扶贫经验启示

自扶贫改革试验区成立以来，清远市从政策、项目、资金、人才等方面全方位开展产业扶贫工作，现已取得明显成效：从土地资源治理的角度看，土地碎片化程度得以降低，土地抛荒情况得以改善，土地益贫效益得以提升；从村庄总体治理的角度看，村庄各类资源得以优化配置，人居环境得以整治，村集体经济收入得以增加；从贫困户益贫效益的角度看，贫困户对扶贫产业的参与度得以提升，贫困户的收益大幅增加，贫困户的脱贫自主性得到有效激发。总结清远市在产业扶贫方面的探索与创新，可归纳出以下几点经验：

第一，政府引导为主。扶贫产业的发展离不开政府的引导和统筹规划，更离不开财政资金的支持。自扶贫改革试验区建立以来，清远市以"扶贫、改革、试验"为理念，引导当地基层干部的扶贫观念和行动，并把农业、旅游业、工业作为扶贫领域的核心产业去治理，采取积极有效的行动，营造出一个良好的发展环境。政府的引导工作主要从三方面入手：其一，清远市结合本地风土人情，制定有利于扶贫产业发展的政策法规，从资金和政策上大力支持扶贫产业的发展。其二，清远市结合本市的自然地理条件，兼顾环境保护和产业发展两个硬指标，引导各地村民种植特色农产品，为旅游资源丰富的地区制定长远、全面的旅游发展规划，并引入大量工业项目。其三，清远市积极协调环境、文化、交通、科技、财政等部门的工作，通过在环境评估、项目融资、基础设施建设、土地征占、税费征收等方面提供便利或优惠，引导、激励社会组织积极参与产业扶贫项目。

第二，充分发挥企业的力量。为了扶贫产业能长久高效地运营下去，光靠政府的政策和资金是不够的，要积极借助企业的力量，可以有效解决项目建设和运营中的问题。和政府相比，相关企业在各自的领域深耕多年，积累了技术、管理经验和人才等重要资源。清远市开展企业对口帮扶工作，应用"企业+农户+合作社"的模式，帮助贫困户规模化种植和加工农产品，实现多方共赢。把产业扶贫项目交给有实力、有经验的企业来建设和运营，其长期运营效率将更高。相比仅由政府单方面出资扶持的项目，这样的项目才能长久发挥扶贫作用，实现"造血式"扶贫。

第三，完善产业链，多产业融合发展。清远市大力发展农产品的规模化种植，引入企业的技术和管理经验。例如英德市发展了麻竹笋深加工产业，将田间地头的普通农产品变成带有精美包装和品牌标识的高附加值农产品，实现了农产品种植和加工的一体化，适当延伸了产业链。

第四，构建贫困人口参与机制。其一，通过政策强制约束，确保贫困户对扶贫产业的参与度。例如，清远市曾在政策文件中提出：扶贫项目需吸收贫困户直接参与产业的种植养殖生产或农产品加工，统一生产、统一技术、统一包装、统一品牌、统一营销，以此形成长效的产业帮扶机制；龙头企业或合作社与参与主导产业以及自主发展产业的贫困户签订农产品购销合同，帮助其解决农产品的销路问题，保证贫困户农产品卖得好价钱；吸收不能发展生产的贫困户参与企业或合作社农业生产或农产品加工的劳动，让贫困户通过劳动获得报酬，提高其增收能力。其二，通过技能培训，提高贫困户参与扶贫项目的基础。清远市结合当地产业对技术的实际需要、贫困户的发展意愿，积极对贫困户展开技能培训，确保每个贫困户均掌握1~2项技能，以此确保所有有劳动能力的贫困户均具备参与扶贫产业的技术条件。

第六章
奖补机制：内生动力的激发器

2013年初，国务院扶贫开发领导小组印发《关于设立扶贫改革试验区的意见》（国开发〔2013〕1号），广东省清远市是原国务院扶贫办确立的扶贫改革试验区之一。当扶贫成为一项政府目标，要防止政府过度保护，无条件地给钱、给物，使村民形成对政府的过度依赖，以致扶贫的制度优势异化为劣势，助长被扶者的不良态度、习惯。此外，贫困是一种可逆的状态，通过一时的外力可能改变一时的贫困，但仅仅依靠外力将导致对外部依赖的自我强化，而弱化内生动力的激发。在脱贫致富、探索脱贫内生动力的过程中，清远市积累了丰富经验，为其他贫困地区的脱贫攻坚树立了榜样。尤其是在以奖代补促精准扶贫方面，清远市经验丰富，走在全国前列。

一、初衷：清远奖补机制与激发内生动力

扶贫的基本原则包括"坚持党的领导，夯实组织基础""坚持政府主导，增强社会合力""坚持精准扶贫，提高扶贫成效""坚持保护生态，实现绿色发展""坚持群众主体，激发内生动力""坚持因地制宜，创新体制机制"。扶贫的最终目标是致富，形成长效机制，这就要求以群众为主体，激发群众的内生动力。以奖代补机制主要涉及精准扶贫和群众主体：精准扶贫强调对象是建档立卡的贫困户，强调扶贫贵在精准、重在精准，必须解决好扶持谁、谁来扶、怎么扶的问题，做到扶真贫、真扶贫、真脱贫，切实提高扶贫成果可持续性，让贫困人口有更多的获得感；以群众为主体，强调处理好国家、社会帮扶和自身努力的关系，发扬自力更生、艰苦奋斗、勤劳致富精神，充分调动贫困地区干部群众的积极性和创造性，注重扶贫先扶志，增强贫困人口自我发展能力。

2017年是精准扶贫工作的攻坚年，清远市积极探索"以奖代补"促脱贫机制。其中，清远英德市扶贫办创造性地制定出台了《英德市新时期精准扶贫产业扶贫"以奖代补"操作细则》和《英德市新时期精准扶贫就业扶贫"以奖代补"操作细则》，简称"两奖补"政策文件。在各镇街组织举办了"两奖补"政策宣讲会，积极宣传政策，调动贫困户自力更生的主动性与积极性，不断实现贫困户从"要我脱贫"到"我要脱贫"的思想转变。

"两奖补"政策对种植业和养殖业达到一定规模并通过验收的农户、积极务工增加收入的贫困户予以奖励，是一项惠民利民政策。有效激发了贫困户的内生动力，鼓励贫困户发展生产养殖、务工就业增加经济收入，加快脱贫奔康的步伐。政府职能转移以奖代补专项资金，旨在对承担政府职能的社会组织予以奖励，培育和发展一批能"承得起，接得住"政府职能的社会组织。美丽乡村建设由政府向提出申请的村镇提供30%的建设资金，村民发挥主观能动性，建立宜居、宜业、宜游的社会主义新农村，在考核通

过验收之后，兑现剩余的奖励资金。此外，就清远市奖补机制的资金来源而言，早在2010年，清远市就开展了"6·30广东扶贫济困日"活动，吸引了广大爱心企业家和热心人士的积极参与，筹集资金主要用于加强基础设施建设，改善贫困户生产生活条件；帮扶城乡贫困人口、弱势群体和困难群众。清远市建立了以财政专项扶贫资金（中央、省、市财政专项扶贫资金）为主导的多元化扶贫投入机制，纳入整合的财政涉农资金以及社会帮扶资金等。

综上所述，清远市奖补机制的设计原则遵循如下逻辑：扶贫应以贫困户为主体，结合以奖代补促扶贫政策，扶贫干部要引导贫困户转变观念、增强信心、生产劳动，帮助贫困户树立依靠辛勤劳动改变贫困现状的信心和决心。有劳动能力的贫困户转变思想观念，杜绝"等、靠、要"思想，化被动脱贫为主动脱贫，走"扶贫先扶志"的道路。只有贫困户自身愿意，才能克服艰苦的环境，创造经济收入。

二、成效：清远以奖代补机制的内涵及效用

与针对贫困对象的无条件转移支付不同，清远市"以奖代补"机制针对达到一定标准或要求的贫困对象给予奖励。政府把发放给低收入群体的现金与其就业状况或劳动收入挂钩，从而实现对低收入群体现金转移支付、提高其收入的同时，鼓励其就业，弥补了无条件转移支付的弊端。为了帮助读者更好地理解清远市奖补机制的设置和操作方式，我们将"清远改革实践"分为四个领域来进行介绍。

（一）产业扶贫领域的奖补机制设计

贫困村大多以农业生产为主，为了实施产业扶贫工程，从而推动贫困村

农业产业发展。遵循这一思路，清远英德市 2017 年初制定《英德市新时期精准扶贫产业扶贫"以奖代补"操作细则》，产业扶贫遵循自愿参与、以奖代补两项原则，对具备劳动能力（在 16~60 岁之间的劳动力）且自愿参与扶贫产业开发的建档立卡贫困户，经政府有关部门组织验收达标后，按其项目规模给予其一次性奖补资金。具体而言，种养前具备劳动能力的建档立卡贫困户须向其所在村的驻村工作队提出发展奖补项目申请，由工作队进行实地核实并做好跟踪服务、项目验收等工作。对于符合产业奖补的贫困户，由镇财政所将奖补资金发放到贫困户账户中。奖补资金总额以实际种植面积计算，单户奖补金额不得超过 4500 元。奖补标准见表 6-1。

表 6-1　种植业、养殖业的奖补标准

项目		验收标准	奖补标准
种植项目	甘蔗	1 亩及以上且长势良好	800 元 / 亩
	蚕桑	1 亩及以上且长势良好	1200 元 / 亩
	水果	1 亩及以上且长势良好	1500 元 / 亩
	花卉	1 亩及以上且长势良好	2000 元 / 亩
	蔬菜	1 亩及以上且长势良好	1000 元 / 亩
	其他特色农产品	1 亩及以上且长势良好	1200 元 / 亩
养殖项目	鱼塘	1 亩及以上且饲养 10 个月以上	500 元 / 亩
	三鸟（鸡、鸭、鹅）	20 羽及以上且成活率达 80%	5 元 / 羽
	牛	1 头牛且饲养 6 个月以上	1500 元 / 头
	猪	1 头猪且饲养 6 个月以上	500 元 / 头
	羊	1 头羊且饲养 6 个月以上	200 元 / 头
	本地特色动物	规模分为大、中、小三等	一次性奖补 4500 元、3500 元、3000 元

数据来源：作者根据《英德市新时期精准扶贫产业扶贫"以奖代补"操作细则》整理。

另外一个例子可以参见江英镇大桥村。通过设置益民合作社，大桥村不断探索并确立和完善了以市场利益为导向的"二次分红模式"。具体来讲，江英镇大桥村蔬菜专业合作社在为社员提供产、供、销全程服务的基础上，建立了高于市场时价3%的回收激励机制。蔬菜专业合作社还建立了社员奖励机制，每年提取60%的年盈利额作为奖励资金，根据社员的年种植面积、年产量给予奖励，大大提高了社员的积极性，并吸引了镇内外几百号菜农加入益民合作社。

考虑到产业扶贫是脱贫攻坚成功的关键举措，清远各地探索的"以奖代补"机制，能够更加有效地促进产业扶贫的发展，推动全市特色产业发展，激发贫困群众发展产业的积极性，发挥其"造血"功能和对特殊群体的保障作用。

（二）就业扶贫领域的奖补机制设计

在就业扶贫领域，为了提高就业创业的积极性，鼓励贫困户中的劳动力外出打工，实现就业脱贫致富的目标，英德市2017年初制定《英德市新时期精准扶贫就业扶贫"以奖代补"操作细则》。就业扶贫遵循自愿参与、以奖代补两项原则，对具备劳动能力（在16~60周岁之间的劳动力）且自愿参与就业扶贫项目的建档立卡贫困户，按其就业收入给予相应资金奖励。具体而言，有劳动能力（在16~60周岁之间的劳动力）且有劳动意愿的建档立卡贫困户提出就业扶贫奖补项目申请，由驻村工作队对于提出申请的贫困户就业收入进行跟踪和验收，由镇财政所将奖补资金发放到符合就业奖补政策的贫困户账户中。建档立卡贫困户的务工年收入以其实际获得的工资收入为最终数据，予以奖励且对于每户就业扶贫的奖补额总计不得超过3500元。奖补标准见表6-2。

中篇
牢记使命，伟大时代中的清远实践

表 6-2 务工就业的奖补标准

务工就业分类	奖补标准
通过学习或正规培训取得职业资格证书，有较稳定工作和可观收入	务工年收入的 8%
未参加过学习或正规培训，但积极务工并取得工资性收入	务工年收入的 6%
居家创业（手工编织、来料加工、农产品加工等）	年度纯利润的 8%

注：年度纯利润＝年度总收入－年度总生产成本。
数据来源：作者根据《英德市新时期精准扶贫就业扶贫"以奖代补"操作细则》整理。

此外，相对于不具备任何专业知识或技术特长的一般劳动力，参加就业培训、取得职业资格证书有助于其更好地就业，取得更高的收入。对此，政府有动力统筹使用各类培训资源，以就业为导向，提高培训的针对性和有效性。一方面，政府积极鼓励职业技术类院校招收贫困家庭子女，学习掌握相应的专业知识，熟练掌握专业技能，毕业之后能够学有所成，在工作生活中有一技之长，有助于他们更好地就业，从而有助于家庭增收、脱贫致富。另一方面，对于已经错失教育机会的劳动力，政府应积极搭建就业平台，对于无法吸纳企业进驻的贫困地区要加大就业专项资金投入，引导和支持用人企业在贫困地区建立劳务培训基地，引导当地劳动力参与就业培训，更好地认知自己，用技术武装自己，在就业市场上争得一席之地，从而带领家庭脱贫致富。考虑到贫困地区的劳动力层次较低，政府应引导支持家政服务、物流配送、养老服务等产业，拓展贫困地区劳动力外出就业空间。

从成效上看，广州对口帮扶清远指挥部、广州市派驻清远市精准扶贫工作队联手广州红海人力资源集团，成立了广清就业扶贫办公室，通过"以奖代补"形式，采用激励外出务工、加强技能培训、提高就业水平、就近拓展就业岗位等举措，共组织贫困户参加技术培训 21100 人次，帮助贫困户就业 7729 人，极大地推动了贫困人口的就业积极性。2019 年，清远市贫困人口享受就业创业补贴 306 人次，发放金额 88.95 万元。英德市自"两奖补"政策实施以来，24 个镇（街）积极发动落实，涉及奖补资金约 6410 万元，参与奖补的劳动力贫困户累计2.3万户、7万人次，户均收入提高2710元。

（三）"以奖代补"与"政府职能转移"

除了产业和就业层面，清远市政府职能转移过程中也结合了"以奖代补"思路。根据《2016年清远市政府职能转移以奖代补专项资金实施方案》，清远市政府职能转移以奖代补专项资金目的是奖励承担了政府职能的社会组织。政府通过专项资金发挥引导、激励效应，部分政府职能转移给社会组织承担，并对社会组织承接的政府职能转移活动予以规范，从而培育和发展一批能"承得起，接得住"政府职能的社会组织。该资金奖励对象及申报主体为2012年以来承接了清远市政府职能转移事项的社会组织。

具体包含以下条件：（1）依法经登记管理机关登记，具有独立承担民事责任的能力；（2）法人治理结构、财务和人事管理制度健全，依法纳税；（3）2012年以来承接了清远市政府职能转移事项的有关职能；（4）有固定办公场所并具备承接政府职能转移事项所需的专业能力和条件；（5）依法开展国家法律法规允许的业务事项，无违法违规、乱收费行为，无收入服务对象投诉，社会信誉良好。资金标准包含三类：一类20万元，不超过3家；二类12万元，不超过5家；三类8万元，不超过3家。申请职能转移以奖代补专项资金的社会组织须主动向清远市社会创新中心提出书面申请，并提供相关申请材料，给清远市社会创新中心初审、专家评审，对所有申请政府职能转移以奖代补专项资金的组织，按评分高低排序，结合承接政府职能转移事项的成本及以往曾获资助奖励等因素，实行择优奖补。

（四）"以奖代补"与"美丽乡村建设"

从长远发展来看，结合乡村振兴发展思路和清远市农村综合改革，2013年清远市印发《中共清远市委 清远市人民政府关于推进美丽乡村建设的指导意见（试行）》，推动并调动各方力量投入美丽乡村建设的进程，其中也贯彻了"以奖代补"的逻辑，从而令清远市扶贫与乡村发展更为有序和可持续。具体来看，清远市政府在美丽乡村项目中充分尊重群众意愿，对于如何建、怎样建、建什么等问题，以自然村为单位，让村民自己议、自己筹、自己干、自己管，以主人翁身份全程参与决策和实施。在美丽乡村建设过程中，农民主体地位得以充分发挥，农民群众真正享有知情权、参与权、管理权、监督权，调动了农民群众建设自己家园的积极性。此外，健全农民自主投入的机制和办法，发挥村级各种组织的带头、组织、协调作用，引导村民、乡贤自觉筹资筹劳，积极参与美丽乡村建设。

清远市对美丽乡村建设的阶梯奖补机制制定规则：以人口规模250人的村庄为标准，奖补资金分别为20万元、60万元、150万元和400万元。具体按其人口规模折算，最高奖补资金上浮25%，分别为25万元、75万元、187.5万元和500万元；最低奖补资金下浮25%，分别为15万元、45万元、112.5万元和300万元。"美丽乡镇"创建以镇为单位申报，对创建成功的"美丽乡镇"，根据其在册人口规模实施以奖代补。以人口规模2.5万人的镇为标准，奖补1000万元。按其人口规模折算，最高奖补1200万元，最低奖补800万元。"以奖代补"充分调动了村民的创建热情和积极性，并取得显著成效。2016年，全市919个村庄申报"美丽乡村"创建，是过去三年总和的3.3倍；2017年，全市1130个村庄申报，是2016年的1.23倍。

专栏6-1：从政策细则了解《清远市"美丽乡村2025"行动计划》下的"奖补机制"

2018年5月，清远市政府印发《清远市"美丽乡村2025"行动计划》（以下简称《计划》），围绕"三年见成效、五年大提升、十年改变农村落后面貌"的工作目标，大力实施"千村示范、万村整治"工程，以县为主体、行政村为基础、自然村为基本单元，通过示范带动，全域推进美丽乡村建设，坚持"一张蓝图绘到底"，力争在十年内，彻底改善清远农村落后面貌。具体来看，"美丽乡村2025"行动计划分四步走,具体目标见表6-3。2018年,80%以上的自然村完成"三清理""三拆除""三整治"环境整治任务;40%以上的自然村创建成为"整洁村"档次以上的美丽乡村;2020年,"整洁村"档次以上的美丽乡村达到80%以上,其中,100%贫困村创建成为"整洁村"档次以上的美丽乡村,50%以上的自然村创建成为"示范村"档次以上的美丽乡村;2022年,"整洁村"档次以上的美丽乡村达到90%以上,"示范村"档次以上的美丽乡村达到70%以上;2025年,"整洁村"档次以上的美丽乡村达到100%,"示范村"档次以上的美丽乡村达到80%以上,且建成"特色村"500个、"生态村"100个、"美丽田园"一批;全部行政村达到省级美丽宜居村标准。《计划》指出,奖补资金实行先建后补,验收通过后拨付奖补资金。对创建成功的"整洁村、示范村、特色村、生态村",分别根据其在册人口规模实施以奖代补。以在册人口规模250人的村庄为标准,对创建成功的"整洁村""示范村",分别奖补55万元、110万元,具体按其人口规模上下最高浮动25%;对创建成功的"特色村""生态村",市级财政分别奖补150万元、400万元,县级财政再按比例进行配套奖补,上下最高浮动25%;对创建成功的"美丽田园",由市财政奖补3000万元。

表6-3 "美丽乡村2025"行动计划实现目标

年份	总目标	整洁村	示范村	特色村	生态村
2018	80%以上自然村完成"三清理""三拆除""三整治"环境整治任务	40%以上自然村			
2020	全面完成农村人居生态环境综合整治任务	80%以上自然村;100%贫困村	50%以上自然村		
2022	全面完成农村人居生态环境综合整治任务	90%以上自然村	70%以上自然村		
2025	全部行政村达到省级美丽宜居村标准	100%自然村	80%以上自然村	500个	100个

数据来源:作者根据《清远市"美丽乡村2025"行动计划》整理。

三、比较：清远"奖补机制"与乐山"奖励计划"

广东省清远市的"以奖代补"奖补对象包括建档立卡贫困户、承担政府职能转移的社会组织、美丽乡村（镇）等，从项目上覆盖了从贫困户就业到种植业、养殖业、集体经济、村镇建设等方方面面，其扶贫举措是全方位的。与之从逻辑上类似的，是四川省乐山市的"激励相容的转移支付田野实验"（又称为"贫困家庭振兴计划"）。该项目由"劳动收入奖励计划"和"青少年教育促进计划"两部分组成，前者旨在对低收入家庭的劳动所得给予一定现金奖励，鼓励其通过增加劳动供给来增加家庭收入；后者旨在对达到事先约定的学习目标（如：学期出勤率、作业完成情况、学习成绩）的学生及任课教师给予现金奖励。"青少年教育促进计划"本质上是教育方面的"有条件"现金转移支付制度，激励贫困家庭进行教育投资，增强贫困家庭学生的学习动力，增加人力资本积累，激励受助家庭的子女通过自身的努力，帮助家庭走出困境，彻底摆脱贫困代际传递的恶性循环。

广东省清远市"以奖代补促就业扶贫"与四川省乐山市"劳动收入奖励计划"都针对低收入群体，将奖励制度与其他发展目标相结合（如帮扶资金的发放与就业收入挂钩，用有条件的奖励替换无条件的补助，充分调动贫困户的主观能动性，激发其脱贫致富的内生动力，构建完善的激励体系），对比情况见表6-4。

表6-4　广东省清远市"以奖代补促就业扶贫"和四川省乐山市"劳动收入奖励计划"对比

	广东省清远市	四川省乐山市
比较项目	以奖代补促就业扶贫	劳动收入奖励计划
实施目标	脱贫	促进经济增长
奖补原则	自愿参与、以奖代补	根据实验需要，区分对照组、实验组

续表

	广东省清远市	四川省乐山市
奖补对象	建档立卡的贫困户	实验组
资金来源	以财政专项扶贫资金为主导的多元化扶贫机制，包含社会帮扶资金等	中国家庭金融调查与研究中心以及当地政府的财政支持
奖补标准	6%~8%	50%
奖补效果	解决就业问题，促使贫困户通过劳动创造收入	工作时长及收入、劳动力供给显著增加，提高了低收入群体的消费支出

资料来源：作者根据《劳动收入奖励计划项目概况简介》《"贫困家庭振兴计划"农村试点推行》《甘犁：解决相对贫困需建立激励相容的现金转移支付制度》等资料整理。

具体来看：广东省清远市针对积极就业的建档立卡贫困户，遵循"自愿参与""以奖代补"两项原则，奖补标准为6%~8%，即劳动者收入每增加100元，政府给予6~8元的奖励。这一措施有助于提高贫困户的就业积极性，促使贫困户通过劳动创造收入；有助于抑制"等、靠、要"态度观念的形成，削弱贫困户对政府的依赖。"以奖代补促就业扶贫"的资金以财政专项扶贫资金为主，同时吸纳社会帮扶资金等。而四川省乐山市的"劳动收入奖励计划"基于就业的家庭增收角度，推动有条件的转移支付。这一田野实验的目标是通过改善收入分配格局，提高整个社会的消费水平，最终促进经济增长。根据边际消费倾向递减原理，高收入群体边际消费倾向低、消费增长空间不大，低收入群体边际消费倾向高但面临流动性约束，消费也难以获得增长。在人口红利逐渐减少、固定资产投资边际收益下降、出口压力增大的背景下，要促进经济增长必须增加对低收入群体的转移支付、缩小收入差距，即提高低等社会阶层的收入水平、改善收入分配格局，有助于降低储蓄，增加总体消费水平。"劳动收入奖励计划"根据实验需要，将所有受访个体划分为实验组和对照组，仅针对实验组进行奖励。相对于广东省清远市的就业奖补标准，四川省乐山市的奖励额度更高，约50%，即进入实验组的受访者每增加100元收入，将另外得到50元。中国家庭金融调查与研究中心的田野实验收集了较为丰富的数据，通过对数据的比较分析发现，"劳动收入奖励计划"自2014年开展以来，在城镇地区取得良好的实验效果，实验组家庭成员的工作时长、工作收入得以显著提升，劳动力数量得以显著增加，低收入群体的劳动收入和日常消费支出得以显著提高。具体而言，实验组（有劳动奖励）家庭成员月均劳动时间的增加幅度比对照组（没有劳动奖励）多27个小时，就业率的增加幅度高出对照组12.57%，家庭总劳动性收入的增加幅度比对照组高372元。并且，实验组在参加实验后更愿意从事劳动时间弹性较大的工作，如摆摊、骑三轮车等，有利于延长工作时间，创造更多收入，从而得到更多奖励。"劳动收入奖励计划"的资金来源于中国家庭金融调查与研究中心以及当地政府的财政支持。

从长久意义上来讲，我们认为无论是清远的奖补机制，还是四川乐山劳动收入奖励计划，均符合2020年后相对贫困缓解机制的根本原则。党的十九届四中全会提出"坚决打赢脱贫攻坚战，建立解决相对贫困的长效机制"。从概念上看，相对贫困与收入分配密切相关，即使社会平均收入水平持续增长、消除了绝对贫困，但只要有收入分配不公，就存在相对贫困。从国际经验来看，与促进低收入群体就业或人力资本积累等相关目标挂钩的现金转移支付制度可有效解决"养懒汉"的问题，削弱低收入群体的"等、靠、要"观念，促使劳动致富。实施有条件现金转移支付、劳动收入奖励计划等激励相容的现金转移支付政策，有利于促进低收入群体增收，缩小收入差距。

> **专栏6-2：激励相容的转移支付田野实验，劳动收入奖励计划**
>
> 在我国经济增速下降的背景下，促进经济增长成为当务之急。消费、投资、净出口作为拉动经济增长的"三驾马车"，投资处于饱和状态，净出口出现负值，拉动经济增长的重任转向消费。在此背景下，中国家庭金融调查与研究中心在四

川省乐山市开展"劳动收入奖励计划"田野实验,探索扶贫新途径。该实验结合社会救助与劳动激励,对具有劳动能力的家庭采取"以奖代补"的扶助形式,对低收入家庭的劳动所得给予一定的现金奖励。2014年6月,实验以28户贫困户为奖励对象,在乐山市五通桥区开始城市试点。2015年11月奖励对象扩大至118户贫困户。2017年在乐山市马边县和沐川县进行农村试点。"劳动收入奖励计划"将所有实验家庭划分为实验组和对照组,仅对实验组给予就业奖励。通过直接给予家庭"有条件的"现金补贴,平衡救助和就业之间的关系,增强贫困家庭抵抗风险能力,刺激消费、促进经济转型。

四、启示:奖补逻辑内生动力探析

若把扶贫仅仅理解为使贫困人口的收入水平高于贫困线,则简单地对贫困家庭加大转移支付力度,无条件给予其更多资金支持,即可达到目的。短期内,这一"简单粗暴"的方法能快速见效,消除贫困,但长期来看并无法真正脱贫。如果政府无条件对贫困户提供各种财力支持,则贫困程度越深的家庭获得资助越多,贫困程度越浅的家庭获得资助越少。这意味着贫困户自身工作努力程度与政府资助呈反向变动,越努力致富的家庭,政府给予的帮助越少,从而挫伤积极性,以致后期的减贫效率越来越低,影响到脱贫工作的真正落实。国际经验表明,简单地、不加条件地增加现金转移支付容易造成福利依赖等问题。然而,政府的最终目标是通过帮扶,使贫困人口发挥主观能动性,通过自身的辛勤劳动走出贫困,实现长效脱贫。扶贫政策的设计不能只是政府无条件地提供各种支持,还要让贫困户自己有动力脱贫,并在脱贫过程中获得脱贫的能力,因此需要将政府的扶贫力度与贫困户的就业收入等目标挂钩,按照相关制度、办法对于达标的贫困户给予资金奖励,提高其劳动致富的积极性。

本章在讨论通过财政转移支付制度帮扶贫困地区的基础上，详述了无条件财政转移支付制度不利于缩小经济发展的地区间差距的后果，从而提出探索脱贫内生动力的必要性。广东省清远市作为原国务院扶贫办确立的扶贫改革试验区之一，也是中国精准扶贫、精准脱贫"规划到村、帮扶到户"的发源地，其实施的"以奖代补促就业扶贫"办法为探索脱贫道路的其他贫困地区提供了思路。同时，中国家庭金融调查与研究中心在四川省乐山市实施的"劳动收入奖励计划"与广东省清远市实施的"以奖代补促就业扶贫"相似，都针对较低收入群体，通过有条件的转移支付，对于达到一定要求的贫困户给予相应资金奖励。对比二者实施背景、目标、资金来源、奖补标准及效果，并对二者异同进行比较分析。发现尽管二者存在诸多差异，但都有助于提高贫困户的就业积极性，有利于提高贫困户的收入水平，促进贫困户发挥主观能动性，依靠自身的辛勤劳动走上脱贫致富的道路。

广东省清远市走"扶贫先扶志"的脱贫致富道路，"以奖代补促就业扶贫"措施调动了广大贫困户的积极性，使贫困户树立了依靠自身努力脱贫的志气，对贫困家庭增收产生了显著成效。因此，国家层面可以考虑在适当地区推广该措施，为正在探索脱贫致富道路的贫困地区提供思路。其他贫困落后地区也可积极参观清远新农村，借鉴清远的宝贵经验，因地制宜地选择有效致富措施、方法，削弱相对贫困，促进全国各地区均衡发展。

第七章
社会扶贫：激发社会公益力量

　　广泛动员全社会力量共同参与扶贫开发，是我国扶贫开发事业的成功经验，是中国特色扶贫开发道路的重要特征。改革开放以来，各级党政机关、军队和武警部队、国有企事业单位等率先开展定点扶贫，东部发达地区与西部贫困地区结对扶贫协作，对推动社会扶贫发挥了重要引领作用。民营企业、社会组织和个人积极参与扶贫开发，社会扶贫日益显示出巨大发展潜力。清远市在此格局的背景下，摸索出自己独特的社会大扶贫格局的机制模式，并在多个方面取得了显著的成效。

一、精诚团结：清远社会扶贫格局雏形

2014年11月19日国务院办公厅印发《关于进一步动员社会各方面力量参与扶贫开发的意见》（国办发〔2014〕58号）（以下简称《意见》）。该《意见》分总体要求和基本原则、培育多元社会扶贫主体、创新参与方式、完善保障措施四部分，要求落实优惠政策，建立激励体系，加强宣传工作，改进管理服务，加强组织动员，坚持政府引导、多元主体、群众参与、精准扶贫的基本原则，形成政府、市场、社会协同推进的大扶贫格局。《意见》印发后，广东省积极响应，深入贯彻党中央决策部署，清远市也积极吸纳社会力量助力扶贫，努力形成大扶贫格局。作为清远市的定点帮扶单位，广东省扶贫开发协会的社会扶贫工作主要从三个方面进行：第一，搭建"桥梁"，打通扶贫资源"供需瓶颈"。广东省扶贫开发协会致力于实现扶贫目标，主动作为、持续作为，组织开展"齐当扶贫使者，共建幸福南粤"的广东扶贫济困"帮一带十"活动和"全民微捐恒行动"主题活动；第二，构筑"枢纽"，彰显扶贫项目"拳头效应"。协会自成立以来，建立多项合民意、惠民生、暖民心的大型扶贫项目，其中包括"银发温暖"工程、"健康扶贫"工程以及"山乡亮灯扶贫"工程，有效改善了贫困地区的发展环境和目标人群的生产生活条件；第三，当好"引擎"，激活扶贫对象"发展功能"。协会一方面通过外部资源输入来扶贫，另一方面从贫困地区的内部发展出发，通过建立扶贫示范基地等途径增加就业机会，提高贫困人口的生活质量。

二、匠心独运：清远社会扶贫格局探析

清远市在社会大扶贫格局的探索过程中，形成了自己的特色机制模式：通过"广清一体化"构建区域协作机制；动员、组织民营企业和商（协）会

签约结对、村企共建，启动"百企扶百村"机制；建立碧桂园职业技术学院，创新探索就业技能培训机制。在良好的机制模式的探索过程中，清远市造就了社会扶贫典范——树山村，通过典型案例，我们可进一步理解清远市社会大扶贫格局的机制模式。

（一）区域协作："广清一体化"

"广清一体化"是指广州与清远两城市产业的融合、城市功能的互补、生态系统的一体化。2019年，国家发改委等十八部门联合印发《国家城乡融合发展试验区改革方案》，广清接合片区作为11个地区之一被确定为"国家城乡融合发展试验区"。在此之前，"广清一体化"的区域协作机制已经走过了七个年头。2012年，清远市委书记葛长伟率党政代表团开始"南融"之行，首次提出"广清一体化"的概念。2013年，广东省政府确定广州对口帮扶清远，以"广清一体化"的思路，开展帮扶工作和共同合作。2015年，清远市委六届八次全会指出推动广清两地协同编制"十三五"规划，争取把"广清一体化"纳入其中，将其上升为省级战略。2016年，中国政府网发布《国务院关于〈广州市城市总体规划〉的批复》，原则同意《广州市城市总体规划（2011—2020年）》。2019年，广州市和清远市签署"深化广清一体化高质量发展战略合作框架协议"，加快广清经济特别合作区工程项目建设。

从成效上看，广州市开展对口帮扶清远市省定贫困村以来，按照党中央、国务院决策部署，坚持精准扶贫、精准脱贫基本方略，围绕促进相对贫困人口稳定脱贫和相对贫困村长远发展，积极开展消费扶贫，探索消费扶贫"广清模式"，用消费升级带动生产扩能、就业增加、农民增收，其成效可以被概括为：激发了全社会参与消费扶贫的积极性，拓宽了贫困地区农产品销售渠道，提升了农产品供给水平和质量，发展了休闲农业和乡村旅游几个方面。

（二）企业扶贫："百企扶百村"

2017年4月，英德市启动了"百企扶百村"精准扶贫行动，动员、组织民营企业和商（协）会以签约结对、村企共建为主要形式，参与精准扶贫、精准脱贫攻坚战，通过甄选出有资质、有规模、带动能力强、种植经验好、经济效益佳的企业，对分散贫困人口所在村进行结对帮扶，帮助贫困户加快脱贫进程。截至2020年，英德市共有121家企业结对帮扶了155个分散贫困户所在村，包括英德市文德实业发展有限公司、英德市权祥凉茶有限公司、英德积庆里茶业有限公司、广东德高信种植有限公司等具有优秀资质的品牌企业参与。到2019年，英德市引导民营企业根据自身扶贫资源优势，结合各村实际，以不同模式帮扶分散贫困户，取得了喜人成果，共带动28000多名贫困人口人均增收1000元以上。英德"百企扶百村"的社会扶贫经验可以被归纳为如下几个方面：

第一，发掘特色项目，形成投资扶贫。英德市旅游资源丰富，各地因地制宜，引导民营企业通过投资兴办项目，开发结对村的旅游资源，吸纳扶贫户入股，带动贫困村经济发展，促进贫困人口就业，是企业帮扶分散贫困人口的主要方式之一。比如浛洸镇的白米庄村徐家庄旅游项目、九龙镇的九龙小镇旅游项目、望埠镇的溶洞温泉度假村项目、浛洸镇三村入股安美生态农业园等等，都体现出"旅游＋投资＋扶贫"这一以旅游为特色、以入股投资收益为支撑的扶贫项目模式，形成投资扶贫，带动贫困户通过利益联结机制实现股本增收。

第二，发展传统产业，推动农业扶贫。作为传统农业大市，英德市发挥原有优势，积极寻求与农业产业化企业的合作，通过"公司＋基地＋专业合作社＋农户"的模式，发展农产品加工业和特色种植养殖业，形成有长效机制的扶贫项目，推动产业扶贫，加快贫困户的脱贫增收步伐。比如英德市西牛镇小湾村与英德联合前进食品贸易有限公司打造西牛镇韭菜扶贫产业种植基地项目，目标是建成"韭菜产业种植基地＋蔬菜交易中心＋农副产品加工＋农业观光旅游"的"特色产业综合田园体"；又如大湾镇中步村采用"公司＋合作社＋贫困户"的模式，与英德农家人生态农业发展有限公司合作，在村里建一个大棚蔬菜基地。

第三，顺应市场需求，促进就业扶贫。英德市引导民营企业采取多种形式，顺应市场需求，通过本企业或上下游企业为结对村提供就业岗位，组织定期或不定期用工需求较大的民营企业到贫困劳动力较多的村现场招聘，对有转移就业意愿的贫困劳动力安排到民营企业就业，促进就业扶贫。如白沙镇与粤之绿食品有限公司达成帮扶协议后，积极与各茶场接洽，商定优先聘用贫困户为采茶工，工资每日结算，无固定工期。为提高贫困户劳动就业技能，组织有劳动能力的贫困户到粤之绿食品有限公司进行采茶技能培训，已掌握采茶技巧并有意向就业的贫困户可现场与茶场达成就业用工协议，有效地促进了白沙镇贫困户就业脱贫的步伐。此外，依托碧桂园对英德市的帮扶，积极开展各种类型的贫困户培训活动，如电工、月嫂、农技等，取得证书后提供岗位直接上岗，有效帮助贫困户就业。

第四，联动企业关系，达成商贸扶贫。英德红茶驰名中外，历史文化悠久，在英德市特色产业中占重要地位，在扶贫产业项目中也起重要推动作用。英德市多个茶叶企业作为帮扶企业积极参与"百企扶百村"行动，发挥市场开拓能力、渠道和信息优势，深入探索市场需求，切实拓宽销售渠道。结合精准扶贫工作，各企业通过联动企业间的合作关系，以代销、电商平台、农企直通车等形式，帮助结对村对接外部市场，达成商贸扶贫的形式，带动贫困户增收。比如石灰铺镇英州红茶业公司、白沙粤之绿茶企、东华镇八百秀才茶业、横石塘镇积庆里茶业有限公司等，一是通过"资产收益"模式增加村集体和贫困户稳定收入；二是通过"公司＋合作社＋基地＋贫困户"模式增加贫困户稳定收入；三是通过就业扶贫等途径，进一步深入帮扶英德市贫困户的生产生活。

可以说，企业是市场的主体力量，在新时期精准扶贫工作中是重要的新生力量。把扶贫从"输血"到"造血"转化，产业在其中不可或缺，而企业就是带动的齿轮。英德市"百企扶百村"行动覆盖了全市的分散贫困人口，在企业帮扶的带动下，为产业扶贫找到更多的路径和方法，有力助推英德市精准扶贫精准脱贫工作踏上新台阶。

（三）就业培训："碧桂园学院

广东碧桂园职业学院位于广东省清远市，是一所慈善性质的民办全日制普通高等学校，由广东省国强公益基金会出资4.5亿元创办，学院经广东省人民政府批准、教育部备案，由广东省教育厅主管。秉承"教育扶贫，授人以渔；一人成才，全家脱贫"的教育扶贫理念，广东碧桂园职业学院成为全国早期探索对贫困生实行全免费教育的高校，而2017—2022年从这里走出的毕业生，就业率接近100%，还有部分学生月薪过万元。自2010年起，碧桂园集团结合自身优势，在清远市开展扶贫工作，共投入约12亿元，先后在英德、佛冈、清新、清城等地开展慈善项目，有效改善了当地民生，提升了贫困人口生活水平。在社会扶贫方面，碧桂园职业技术学院主要通过两种方式来进行：

首先，通过全员培训提升贫困人口就业技能。针对贫困地区交通不便、信息闭塞、适龄劳动力难以获得职业技能、脱贫难度较大的问题，碧桂园集团在佛冈县、英德市、清新区等部分镇村进行试点，以农村需要、市场需求为导向，直接上门有针对性地培训贫困群众，让贫困户在家也能掌握"一技之长"。碧桂园集团利用自身庞大的产业链优势，变"输血"为"造血"，向贫困户提供就业岗位，实现"一人就业，全家脱贫"的目标。

其次，碧桂园集团出资4.5亿元创办了全国早期探索全免费的大专院校——广东碧桂园职业学院。所有入读学生不仅免除一切费用，还发放日常生活补贴。学院推行"产教融合、校企共育"的办学模式，结合碧桂园的企业经验和学院的专业知识，联动金博士培训学校，培养真正实干、能干的技术人才。

（四）村级典范：西牛镇树山村

树山村位于英德市西牛镇西部，是革命老区村之一。该村距西牛镇7公里，距英德市48公里，是英德市人口和计划生育局帮扶的省定贫困村。该村辖12个村民小组，共有347户，总人口1582人，其中贫困户125户，贫困人口444人。村民分散地居住在东西长6公里、南北长10公里的狭长山沟里，绝大部分农民是70年代树山水库移民，产业单一，村民收入低，住房多为70年代初建造的泥砖房，没有自来水，没有通信网络，没有进行电网改造，村民生产生活条件较为困苦。

针对上述问题，2010年在第一个"广东扶贫济困日"活动启动仪式上，碧桂园集团董事长杨国强承诺分四年捐赠2亿元参与广东扶贫济困。其一，在具体发展建设层面，产业发展方面，碧桂园投资50万元建设25亩的树山村绿色苗圃示范区，为村民垫资380万元购买苗木。在2个自然村组建农户合作社试验基地，并在9个自然村同步推进苗圃产业建设，逐步实现每户参与的目标，发挥栽种苗圃的教学基地和苗木集散地的作用，迅速带动周边村民发展苗圃产业。对栽种苗圃的农户进行补贴，每栽种一亩苗圃就补贴250元，鼓励他们发展苗圃产业。此外，根据农户申请，结合良好的竹产业优势，种竹也被纳入绿色产业帮扶范围，帮扶94户村民栽种670亩麻竹，每户平均7亩，每户平均可增加收入10000元。通过"公司+合作社+农户"的模式，树山村经济由以往单一农产品升级为绿色产业，并已纳入房地产开发产业链中，将帮助贫困户最终实现稳定脱贫。其二，在新村建设上，采取"政府补助一点，企业帮扶一点，农民自筹一点"的办法高标准建设树山扶贫新村，使各村民小组全部实现通电、通邮、通信、通电视广播，村民用上安全自来水。此外，考虑到村民存放农具、饲养牲畜和存放杂物的需要，项目部和村民利用房屋改造中的旧瓦、旧门和旧木料，统一规划建设了杂物房，每户人家分到一间杂物房作为临时安置房，村民搬入新居后，杂物房可用于饲养鸡鸭等牲畜，实现人畜分离。其三，在基础设施建设上，碧桂园投资了包括道路建设、饮水工程改造和同城通信等方面的建设。

三、聚力发展：清远社会扶贫格局成效

清远市社会大扶贫格局的机制模式在不断探索中日益完善成熟，经过成熟机制模式的运作，清远市社会大扶贫格局在区域融合发展、提升贫困村脱贫质量和培养内生动力等多个方面取得了显著的成效。经过整合分析，我们将社会扶贫格局所产生的效应从区域融合、脱贫质量提升和内生发展动力提升三个层面进行归纳总结。

（一）以大扶贫格局促区域融合

党的十八大以来，以习近平同志为核心的党中央确立粤港澳大湾区建设的重大战略，推动区域协调发展，我国区域协调发展呈现开放合作程度加深、产业转型升级加速、效率与公平并重的新特点。在此背景下，《广东省推进粤港澳大湾区建设三年行动计划（2018—2020年）》以"广清一体化"为示范，推动环珠三角地区与大湾区一体化融合发展。

清远市加快区域经济社会发展，促进贫困地区面貌改善。紧紧抓住交通、工业园区、城市建设三大抓手，以高速公路、国省道建设为重点，促进交通大发展，改善清远发展的区位优势；以高新区、广清园区、顺德（英德）合作区、华侨工业园、民族工业园为重点，优化产业结构；打造"一心两核"（清远城区为中心，英德、连州为次中心），推进城市扩容提质，以新型城市化推动区域发展。紧密结合广州全方位帮扶清远市的机遇，以"广清一体化"发展战略，争取广州市在技术、信息、资金、人才等方面的大力支持，有效推进清远市精准扶贫精准脱贫工作。

区域融合发展更加密切。广清一体化背景下，广州市全方位定向帮扶清

远市，以广清一体化发展战略，在技术、信息、资金、人才等方面大力支持清远市，有效推进精准扶贫精准脱贫工作。广州市整合外派工作力量，实现"大""小"帮扶机构融合，广州对口帮扶清远指挥部与派驻清远市精准扶贫工作队合署办公，着力加强在产业项目、就业信息、消费扶贫等方面的资源整合。精心挑选市、区两级精准扶贫外派干部，纳入清远市、县、镇三级脱贫攻坚指挥体系，形成工作合力，紧盯各项考核指标要求，对重点难点问题建立台账，严格实行"周清、月结、季督查"工作制度，逐项逐户对账销号，确保不留死角。与清远市扶贫办联合成立产业扶贫工作组，尽锐出战，召开产业扶贫工作现场会，推动产业项目提质增效。建立完善与清远市农业、扶贫、人社等职能部门的沟通联络机制，安排专人负责对接，及时获取政策文件和信息资讯，并第一时间通过驻村干部在广州市负责帮扶的205个省定贫困村范围内实现精准推送。

（二）以大扶贫格局提脱贫质量

在全社会力量共同参与下，扶贫工作取得了显著成效，脱贫质量明显提升。社会大扶贫格局紧紧围绕产业扶贫，致力提升贫困村脱贫质量。社会各方力量与清远市扶贫工作队积极合作，探索产业扶贫新模式，因地制宜发展种植养殖项目。截至2019年，广州对口帮扶共投入扶贫资金12.55亿元，先后引入扶贫特色产业项目606个，贫困村参与资产性收益项目616个，利用科学合理的利益分配机制，增强贫困户的获得感。依托广清农业众创空间平台发展消费扶贫，在越秀区、花都区开展试点，让清远的农产品进入广州饭堂、社区门店和市民餐桌，用消费升级带动贫困地区生产扩能、就业增加、农民增收。

清远市结合"扶贫济困日"活动，大力开展动员宣传，鼓励各类企业、社会团体、慈善机构和社会爱心人士参与扶贫开发，鼓励群众团体组织开展扶贫志愿者行动，借助企业资源拓宽扶贫开发路径，大力营造全社会共同参与扶贫济困的良好氛围，在全社会形成关注扶贫工作、关爱贫困群众、参与脱贫攻坚的强大合力。截至2019年，社会捐赠资金已累计超过6亿元，企业结对帮扶贫困村、贫困户，并利用财政扶贫资金以及金融扶贫小额贷款，有效增加贫困户的资产收益收入。

（三）以大扶贫格局增内生动力

在政府帮扶、媒体帮扶和企业帮扶的多点发力下，清远市不断激发贫困户的发展动力，深化培养清远市贫困人群的内生发展动力。其中：

在政府定点帮扶下，广清扶贫办公室通过举办广州市对口帮扶清远市省定贫困村第一书记培训班，精心设置党性教育、扶贫业务、作风建设等八大专题，在2019年对250余名新一轮驻村干部进行全方位培训。建立驻村干部片区会议制度，推选工作能力强、帮扶成效好的干部分享心得，充分发挥留任驻村干部"传帮带"作用，增强扶贫干部脱贫攻坚责任感和使命感。与此同时，采取"以奖代补"、技能培训等举措，搭建就业信息服务平台，开发适合贫困人口的就业岗位，截至2019年，共组织贫困户参加适用技术培训21100人次，帮助贫困户就业7729人，从根本上激发贫困人口内生发展动力。

在社会媒体参与下，清远市与广州日报、清远电视台等媒体开展合作，总结帮扶经验，推广先进典型，打造一批具有广州帮扶特色亮点的贫困村。通过媒体宣传，从精神层面激发贫困村的内生发展动力。

在社会企业参与下，通过"百企扶百村"机制的实践，碧桂园就业技能培训机制的应用，践行"扶贫先扶志，治贫先治愚"，从源头上提升贫困村的内生发展动力。自2010年起，碧桂园集团建立碧桂园职业技术学校，帮助贫困人口获得职业技能，激发其脱贫动力。碧桂园集团以农村需要、市场需求为导向，直接上门有针对性地培训贫困群众，让贫困户在家也能掌握"一技之长"，变"输血"为"造血"，深化提升内生发展动力。

四、清远社会扶贫格局经验启示

清远市社会扶贫格局从形成到近一步发展已经取得了初步成效，并且在日益完善。从以往经验上看，我们归纳出了清远社会扶贫格局的几项启示。主要表现在：

第一，社会扶贫有利于促进社会扶贫形式多样化参与主体多元化发展。因此，应该积极培育多元社会扶贫主体。具体建议包括：大力倡导民营企业扶贫，积极引导社会组织扶贫，广泛动员个人扶贫，进一步深化定点扶贫工作，强化扶贫协作。此外，可以通过开展扶贫志愿行动、打造扶贫公益品牌、构建信息服务平台、推进政府购买服务等方式，创新社会扶贫参与方式。

第二，社会扶贫工作机制应进行多重创新。现代社会治理模式是一种多元参与、理性协商的过程，它作用于国家治理体系和治理能力现代化的框架中，在精准扶贫政策全面实施的背景下，创新政府和社会组织协同治理模式，坚持政府主导与社会组织协同相结合，进一步促进政府职能的转变，弥补政府在贫困治理中职能的不足，推动服务型政府的建立，确保我国精准扶贫政策的顺利实施，共同为打赢脱贫攻坚战而奋斗。基于此形成的经验包括：社会组织要明确自身定位，一切从自身实际出发，量力而行，根据自身资源优势、创新机制进行扶贫工作，积极作为；更大程度地发动各类社会组织参与精准扶贫，发挥各自的不同优势；志愿组织和社工机构的优势不是硬件建设和给钱给物，而是提供软服务，通过开展培训、心理疏导、生活服务等方式，改变贫困人口的陈旧观念；行业协会、商会的优势是经济资源和技术能力，更多以产业扶贫为主，带动贫困村庄的经济发展和解决就业；社会组织要撬动更多的企业资源，推广企业社会责任和社会企业的理念，加大创业扶贫和产业扶贫的力度。

第三，要注重社会扶贫效果的可持续性。在社会扶贫管理过程中，要健全精准扶贫项目的各项管理机制，明确项目成功的成效指标，完善项目绩效激励机制，实现内部资源的有效协调。要建立质量管理机制，实现服务对象满意、购买单位满意、所在社区满意、其他利益相关方满意。严格按照项目的预期计划实施，控制项目进度和实施风险。在项目模式上，要从直接给钱给物到"授人以渔"，帮助贫困人口掌握谋生致富的方法。要调动贫困人口的主体性、主动性，帮助贫困地区和人口切实转变"等、靠、要"的思想，主动领会扶贫政策的意图以及潜在的收益，提升贫困地区的造血机能。在项目结束后，要发动志愿者继续陪伴贫困人口，积极对接社会资源，促进农产品销售。

第四，要打造贫困地区的特色优势产业。社会扶贫的意义不仅限于简单的捐资捐物，捐资捐物只能满足贫困地区的暂时困难需求，更重要的是汇聚社会资源帮助贫困群众勤劳致富。要真正脱贫，离不开贫困地区自身的发展，只有有了产业的支撑，贫困地区才能源源不断获得收入。因此，贫困地区要充分利用互联网，凝聚社会力量，筹措产业发展资金，引进先进技术，因地制宜发展与壮大具有市场前景和地区特色的相关产业。极少数贫困地区可能自然条件较差、资源贫乏，但仔细挖掘，总能找到一些人无我有的优势，比如农业资源优势、人文景观优势、劳动力资源优势等，哪怕只有其中一种优势，也要努力将这种优势转为经济优势，挖掘其商业价值，培养其成为特色优势产业，增加贫困地区的造血功能。

第八章
消费扶贫：盘活互联网+市场

消费扶贫是指通过集聚社会各界的力量以消费贫困地区农副产品的方式来为贫困地区脱贫提供助力，帮助贫困地区的农民实现收入增长，这是社会力量参与扶贫的重要途径。在新时期，清远市结合当地实际情况，积极创新市场对接方式，搭建消费扶贫大平台，在线上渠道着力培育本土电商体系，同时通过"互联网+"积极对接外部电商平台，在线下渠道积极推行社会力量订单式采购和政府单位定向采购，多管齐下共同发力，探索出了具有清远特色的消费扶贫新模式。

一、助农助贫：盘活市场的消费思路

新时期，消费扶贫是精准扶贫方略的又一具体举措。清远市围绕促进贫困人口稳定脱贫和贫困地区长远发展，大力实施消费扶贫，符合国家的整体政策导向和清远市具体市情，更是清远市打赢脱贫攻坚战的必然要求，有利于动员社会各界扩大贫困地区产品和服务消费，同时激发贫困户脱贫致富的内生动力，倒逼农村产业升级，促进产业兴旺，助力贫困地区打赢脱贫攻坚战。

（一）发展背景

背景1：国家整体政策导向。 2019年1月14日，国务院办公厅印发《关于深入开展消费扶贫助力打赢脱贫攻坚战的指导意见》，强调要"坚持政府引导、社会参与、市场运作、创新机制，着力激发全社会参与消费扶贫的积极性"。新时期，如何更好地凝聚全社会的力量来推动扶贫的发展，是当时脱贫工作急切需要解决的问题。而消费扶贫则通过消费作为突破口，有力地实现了扶贫方式从"输血"向"造血"的转变，受益对象从单方向双方转化，从而使社会各界得以共同参与扶贫之中，通过消费产品或服务来为消费扶贫进行宣传与助力。在当时背景下，着力推进消费扶贫是增强贫困地区造血功能、帮助群众就地就业的长效之计。

背景2：清远基础环境。 其一，清远市地理位置优越。清远市位于广东省中北部，南部与广州、佛山交界，北部与湖南、广西接壤，是接受粤港澳大湾区经济市场辐射的最前沿，也是连接广东与内地市场的"桥头堡"、北上南下的重要经济走廊，市区距广州市中心60公里，距广州白云机场30公里，紧邻珠三角城市群核心区。境内京广铁路、京广高铁纵贯南北，广清城轨年内通车，乘坐高铁半小时到广州、1小时到深圳，位于珠三角1小时经济圈内，高速网络贯通东西南北。便利的交通更加有利于人员来往和农产品物流。其二，清远市自然条件适宜。清远是一座有着2000多年历史的岭南古邑，山清水秀、环境优美。2022年，全市乡村人口271.06万人，占全市总人口的59.8%，耕地面积263.42万亩，是广东省农业大市。清远市自然条件优越，气候温和，是广东省的重点粮产区，担负着为珠三角供应粮食和农副产品的重要职责，素有"广州菜篮子""鱼米之乡"之美誉。2018年清远市农林牧渔业总产值378亿元；农作物播种面积530.9万亩，其中谷物播种面积201.6万亩；全年出栏生猪27.6万头；渔业养殖面积27.7万亩，全年水产品总产量13.6万吨。整体上，清远市优越的地理位置和适宜的自然条件，都为其消费扶贫中供给需求两端的连接以及具体模式的构建奠定了基础。

背景3：脱贫攻坚工作要求。认真落实中央和省关于脱贫攻坚的决策部署，加强消费扶贫新模式的探索，不断强化责任落实、政策落实和工作落实，着力推进多渠道的消费扶贫，是推进清远市脱贫攻坚新格局的重点。

（二）效用意义

消费扶贫是精准扶贫在新时期下的重要举措。清远市积极推行消费扶贫，不仅能助力其实现救济式扶贫到造血式扶贫的转变，激发贫困户脱贫的内生动力，更有利于动员社会力量参与脱贫攻坚。深刻理解并且在实践中用好消费扶贫，对于清远市打赢脱贫攻坚战具有重要作用，具体表现在：

第一，从救济式扶贫到造血式扶贫模式升级。通过购买贫困地区产品和工会福利采购等方式，清远市各级机关和企事业单位可以带头参与消费扶贫，利用消费使产业扶贫得以深入贫困地区的最基层。同时，社会各界通过购买消费服务或产品来使贫困地区获得稳定的收入增长，作为可持续的扶贫方式，有力地推动了清远市脱贫攻坚的实现。从救济式扶贫到造血式扶贫最终到精准扶贫，是符合清远市市情的扶贫之路。新时期对于消费扶贫的探索，可以有效地改善清远市贫困情况，帮助农户脱贫增收，助力打赢脱贫攻坚战。

第二，激发贫困户脱贫致富的内生动力。对于清远市农村贫困地区的人口来说，消费扶贫的方式可以为他们提供稳定且持续的收入增长渠道，并且这一造血式的扶贫方式能够有力地推动贫困户工作与创收的积极性。贫困户通过自己的努力种植农副产品，在平台上销售获得收入，实实在在地感受到了劳动成果所带来的经济价值。消费扶贫最大的优势在于使贫困户与消费对象之间建立便捷快速的渠道，不再受制于产品或服务在中介传递过程中的利益损耗，有效地解决了贫困户不善于营销的问题，是清远市实现脱真贫、真脱贫的长效之计。

第三，助力农村产业升级，促进产业兴旺。对于农村产业发展来说，消费扶贫可以推动清远市相关产业的兴旺与升级。消费扶贫有利于创新传统的农业生产方式，推动清远市农业供给侧结构性改革，有效地为农业生产模式的调整与变化提供助力。此外，由于消费扶贫是一个全过程的行为，这使得贫困地区的农副产品从生产、加工、流通到最后的销售各个环节都得以凝聚起来，可以有效地提升产品的附加值，并促进清远市产业融合发展。

二、消费市场：扶贫新路的有力对接

近年来，清远市突出消费扶贫抓手，以对口帮扶为契机，以消费市场为重点，以"互联网+"为手段，积极拓宽扶贫产品销售渠道，着力打通扶贫产品销售"最后一公里"。通过线上线下相结合的消费扶贫模式的探索，创新市场对接机制，构建消费扶贫新格局，助力2020年全面脱贫攻坚。

（一）清远市的消费扶贫新模式

模式1：创新市场对接机制，搭建消费扶贫大平台。在此模式下，清远市立足本地特色农产品资源优势，紧紧把握广清一体化和"入珠融湾"契机，通过组织扶贫产品参加农产品展销会、建立直销门店，与超市合作订单式扶贫、开设扶贫农产品销售公益专区专柜等方式，在珠三角地区广泛开展消费扶贫活动，主动对接农产品需求，搭建产销合作平台，积极引导清远市各单位在同等条件下优先选购贫困地区农产品，建立长期定向采购合作机制。同时，方便消费者随时随为贫困地区群众奉献爱心，用消费扶贫打通产业扶贫的"最后一公里"。

模式2：建立产品物流体系，构建消费扶贫供应链。具体包括冷链物流体系、农村综合服务站，以及农产品分拣和检测中心。其中，清远市有80多个乡镇、1023个行政村，清远利用地理位置的优势，以及轻轨、高速的便利，建立了完善的供应链物流配送体系，将当地成千上万的特色农产品，利用完善的供应链体系，协助农民实现农产品从产地到餐桌的转变。同时根据地理位置优势，在清远和广州分别建立了一批仓储基地和中心。农产品运送至清远山塘基地采用统一管理标准分拣，再配送至广州仓库进行仓储和分拨，完善了一套扶贫农产品从产地到餐桌的冷链物流服务体系。在农村综合服务站方面，清远紧紧围绕当地优势资源和产业，发挥服务站联结城乡的优势，以此为对接口，按照一村一品的原则，为农户提供种植技术培训，产品营销、物流打包、农业信息、农业生产性服务、"三农"金融等一站式服务，组织清远农户进行集约化、产业化生产。根据清远的村庄分布，广清农业众创空间联合清远市有关单位一起计划建设1000个农村综合服务站，实现清远地域全覆盖。在清远农产品分拣和检测中心的建设上，其位于清远市清新区山塘镇工业区寻乡记创新谷，占地面积51亩，拥有农产品分拣基地、检测中心、农产品加工基地及配套生活场所，总建筑面积约30000平方米。

（二）线上消费扶贫的功能分析

线上消费模式1：**本土电商消费扶贫体系**。为加快电子商务服务体系建设，把电子商务纳入扶贫工作体系，推进电子商务与扶贫工作深度融合，清远市以持续增加贫困群众收入为核心，积极引导社会资本和创客投身本土电商产业，依托电子商务模式提高贫困户增收致富能力，切实发挥电商扶贫在脱贫攻坚中的重要作用。主要做法如下：第一，健全农村电商服务体系。第二，培育本土电商标杆企业。围绕电商创业，积极引导清远本土电商企业寻乡记公司专注电商平台建设，发展电商产业园产业集群；推动其从提供创业场所转移到为项目提供专业服务，自主开发了"寻乡记超市""寻乡记农场"电商平台，为农场项目提供农产品营销和农场生产性服务。同时，与寻乡记公司建设清远市虚拟产业园。清远市虚拟产业园是一个"网络注册，无界办公"，借助清远市政策和时域优势，链接企业发展所需资源，让政企银校各类资源能实现跨地域合作，由社会各层生产力链接成的新型经济联合体。产业园通过互联网技术可以为入驻企业提供工商注册、税收奖励、政策申请、专业企业服务、融资孵化、异业合作、创业辅导等服务。

线上消费模式2：搭建外部电商消费扶贫平台。为贯彻落实乡村振兴战略部署，深入推进"互联网+"行动，按照精准扶贫、精准脱贫的要求，清远市将"互联网+"与扶贫开发相对接，广泛利用各类外部电商平台推进"互联网+"消费扶贫模式，扩大农特产品销售渠道，拓宽农特产品上行通道，着力引导小农户对接大市场，带动贫困人口就业创业，脱贫增收，助力脱贫攻坚。清远市构建"互联网+"消费扶贫模式的具体做法如下：

第一，依托大型电商平台销售。基于"自营店＋全国进仓配送＋电商推广品牌"的合作方式，清远先后引导广东天农、清农电商等企业与国内大型电商平台签订合作协议，推动清远产品走向全国。同时在京东、天猫等大型电商平台建立扶贫产品专卖店、产品体验店和扶贫频道，销售农特产品，有效促进农产品上行。

第二，依托外部企业平台销售。清远市还借助企业平台稳定的消费市场和消费群体销售扶贫产品。比如碧桂园集团借助旗下社区生活零售品牌"凤凰优选"，与桥头镇签订战略合作协议，用"公司（超市）＋合作社＋农户"

的合作模式发展消费扶贫。即"凤凰优选"立足于已有的优势,根据市场销售需求和趋势向当地合作社下订单,并在优良果蔬品种种植方面给予技术支持,合作社根据订单安排种植,采收后交由凤凰优选销售,实行利益共享、风险共担。

线上消费模式3:清远市线上消费扶贫新业态探索实践——众创空间。广清农业众创空间是广州和清远两市政府共建的农业发展服务平台,按照"政府主导、市场引领、企业运作、多方参与、共赢发展"运作模式,旨在聚合第三方服务商,协助清远农产品对接广州大市场,提高清远农业发展效率。平台集聚农业龙头企业和孵化器、农技、科研机构、电商、广告设计、物流、冷链、合作社、农业大户、涉农旅游企业等各领域优势企业,构建现代农业产业发展生态,促进企业间深度合作、协同创新,推动清远农业发展。众创空间消费扶贫机制如下:

第一,发展300家清远农家广州门店。为促进清远农产品进入广州主流消费渠道,广州市各级政府及对口帮扶单位将协助清远在广州主流商圈、居民社区等发展300家清远农产品展销门店。借助连锁门店,广州市民可以近距离体验清远农产品和农旅文化,同时可以现场采购,也可以线上下单、线下提货,解决农产品到餐桌的"最后一公里"难点,实现扶贫农产品的高效无缝配送。

第二,开拓政府机关、企事业单位内部职工消费市场。为进一步开拓政府机关、企事业单位内部职工消费清远农产品市场,借助单位饭堂场所,众创空间通过设立无人生鲜智能冷柜和自选货架,满足不同产品保鲜、存放、收银、购买的功能需求,让单位职工可以通过现场采购和线上下单、线下自提等多种方式采购清远原生态农产品,为扶贫产品开设更多销售渠道。

第三,推进清远农产品进入广州主流商超渠道。广清农业众创空间协助市政府主动对接广州主流商超渠道,举办2019年广州—清远农超对接会系列活动,吸引广州200多个商超渠道参加活动。清远农产品已经进入了广百超市、盒马鲜生、小鲜E站等商超渠道，下一步将增加渠道，扩大产品曝光度。

（三）线下消费扶贫的功能分析

线下消费模式1：订单式采购模式。清远市充分发挥对接帮扶单位、驻村工作队、驻村第一书记、帮扶责任人作用，对所帮扶的贫困村、贫困户农产品销售需求进行摸底，积极联系市场，解决产品销路，发展"订单式"消费扶贫，建立扶贫产品定向采购合作机制，提升帮扶成效。主要通过和机关、企业、学校进行合作，发挥订单式采购的潜在力量。具体来看：

第一，**消费扶贫进机关**。清远市以帮扶单位为起点，为贫困地区搭建农产品销售平台，鼓励引导各级政府机关食堂、机关工作人员选用贫困地区农特产品，双方建立长期定向采购合作机制。如2019年5月，依托广东消费扶贫直通车活动，英德红茶等多个扶贫产品在广州机关食堂后勤总厨社区进行展销，受到众多机关干部和社区居民的青睐。

第二，**消费扶贫进学校**。清远市积极推动高校与贫困村深入对接，开展"消费扶贫"工作，既带动贫困户脱贫，也为高校师生提供优质、实惠、安全的农产品。如东华镇雅堂村的雅堂大米，依托帮扶单位广东工业大学，不仅建立起"雅堂大米"的扶贫产品品牌，还鼓励引导学校食堂、餐厅选用"雅堂大米"，并建立了长期定向采购合作机制，带动更多雅堂的农户、贫困户致富。

第三，**消费扶贫进企业**。清远市充分发挥行业协会、商会、慈善机构等社会组织作用，组织动员爱心企业、爱心团体、爱心人士等社会力量，采取"以购代捐""以买代帮"和项目开发、定点采购等方式采购或推销贫困地区产品和服务。如英德市东华镇重新村是碧桂园企业深圳区域对口帮扶的贫困村，2019年7月，碧桂园集团通过开展"扶贫产品暖心购"爱心义卖活动，帮重新村建档立卡贫困户把3000斤玉米售罄，销售总额近9000元。

线下消费模式2：政府定向采购模式。从整体来看，消费扶贫需要全社会力量的广泛参与，需要领导干部与广大党员积极进行广泛的宣传，深入激发社会大众的参与动力与积极性，形成党员带头、社会参与的积极局面。清远市具体探索形式包括：第一，领导干部带头"以购代捐"，号召全社会积极参与。清远市的消费扶贫首先由领导干部带头以购代捐，在日常的食物消费中，可以通过购买贫困地区农副产品的方式参与到消费扶贫中，领导干部每人每年以特定金额通过一站式销售平台购买来自贫困地区的产品，不仅能够使自身日常的食物需求得以满足，同时也起到了带头作用。第二，鼓励机关食堂举办扶贫爱心活动，明确最低采购量。清远市积极鼓励各预算单位举办扶贫爱心活动，并且明确要求各预算单位每年以不低于1/5的采购量来购买贫困地区的农副产品；并鼓励社会大众对贫困地区农副产品的购买，譬如在超市设立贫困地区农副产品专柜。同时清远市政府以精神上的激励来推动消费扶贫在社会大众中的推广，对于积极参与消费扶贫的单位或个人，给予荣誉上的奖励。对于采购量巨大的个人或单位，可以通过市场机制给予一定的优惠。

（四）线下新业态实践：连南县

为了给读者更为直观的感受，我们以连南县为案例，对线下消费模式的清远扶贫探索机制做细致分析。

2019年，连南县通过动态分析精准识别出贫困户1929户5361人，其中有劳力1146户、无劳力783户。连南县政府围绕"责任落实、政策落实、工作落实"三大落实积极推进脱贫攻坚工作，确保脱真贫、真脱贫。2016—2019年间，1929户5361名贫困人口全部实现脱贫，占贫困人口总数的100%。为动员社会各界扩大贫困地区产品和服务消费，调动贫困人口依靠自身努力实现脱贫致富的积极性，促进贫困人口稳定脱贫和贫困地区产业持续发展，结合当地实际，连南县政府制定了长效科学的消费扶贫实施方案。连南县消费扶贫主要形式如下：

第一，组织机关和国有企事业单位带头参与消费扶贫。一是"以购代销"。连南县政府通过鼓励党政机关、国有企事业单位、金融机构、学校、驻村单位等在同等条件下优先采购贫困户产品，优先聘用贫困户为工勤人员，积极引导干部职工自发购买贫困户产品，促进贫困地区旅游产业发展。二是"带买带卖"。连南县驻村工作队、驻村第一书记、结对帮扶干部对所帮扶的贫困户农产品销售需求进行摸底，借助帮扶队伍思路宽、交际广、渠道多的优势，为帮扶对象产品代言，开展熟人销售，向亲朋好友推荐产品，从而拓宽销售渠道，为贫困户增收。

第二，动员民营企业等社会力量参与消费扶贫。连南县政府通过优先聘用贫困户到企业务工就业，以及动员商会、慈善机构等社会组织，爱心企业、爱心人士等社会力量参与消费扶贫，帮助贫困户增收脱贫。同时，结合"6·30"广东扶贫济困日和"10·17"国家扶贫日等契机，及时发布贫困户供给信息，推动产销信息精准对接。

第三，发挥示范点辐射作用带动消费扶贫。连南县积极发挥县"稻鱼茶"产业园等农业龙头对贫困户的辐射带动作用，为贫困户产品提供包装设计、商标注册、价值提升等方面的增值服务。此外，县政府鼓励贫困地区因地制宜新建或改建一批冷藏冷冻保鲜库等设施，以租赁、共享等方式降低参与消费扶贫企业的运营成本。同时，积极发挥示范农业龙头引领作用，带动产地和消费地以骨干企业为平台，以县、镇、村三级物流配送体系为载体，形成农产品从田间到餐桌的全链条联动。

第四，线上线下联合拓宽销售渠道。一是充分发挥连南县电子商务中心和特农公司的"线上"优势。以县内帮扶村为单元，设计统一的区域性扶贫产品标识，采取共享共用共推等方式，合力打造区域性特色农产品品牌，并积极为贫困户农产品提供产品开发、包装设计、网店运营、人才培训等专业服务。此外，积极搭载淘宝、京东、苏宁等大型电商平台和网银平台，参加电商扶贫专场活动，销售农特产品。二是政府积极开展线下产销对接活动。通过加大支持帮扶村组织农副产品参加农超对接、展销会等方式，在众多场所醒目位置开设扶贫产品销售专区专柜，进一步拓宽当地农产品销售渠道。

三、互联网+：消费扶贫的衍生效用

清远市作为全省扶贫开发"规划到户、责任到人"的策源地，通过推进创新思路、创新管理、创新机制、创新形式四个创新，对消费扶贫的新模式进行了有益探索。在线上渠道培育出比较健全的电商体系，同时利用"互联网+"进一步扩宽了农产品销售渠道；在线下渠道中积极动员社会力量参与订单采购，并利用政府采购进一步畅通了销售渠道。清远市在线上线下渠道多管齐下，有效促进了扶贫产品与市场需求的对接，消费扶贫成效显著。结合上文介绍，对清远市消费扶贫的主要成效具体总结为如下几个方面：

（一）线上模式着力惠农

首先，电商体系逐渐在清远的扶贫成效中发挥显著效应。清远市委、市政府高度重视农村电子商务及电商扶贫工作，出台了多个政策文件支持农村电子商务发展，引导社会资本和创客投身农村电商发展，推动农村电商及电商扶贫工作取得阶段性成效。在清远市政府和金融机构的支持下，清远市清贫电子商务有限公司与贫困户签订农产品供销协议，对清远市261个省定贫困村进行产品收集、分拣、包装、运输，建立扶贫产品到消费者的供应链体系，实现精准扶贫的目标，逐步建立起了三级电商体系。2018年清远市电子商务网络商品交易额为112亿元，增长19.7%，其中农村电商网络商品交易额为8.2亿元，增长28%。清远市农村电商供销产业带已初具规模，261个省定贫困村实现电商服务网络全覆盖，带动超过1600户贫困户、4500名贫困人口脱贫。截至2020年9月末，鲜特汇平台已实现194种贫困户农产品上架销售，累计交易2442笔、金额约201.6万元，惠及贫困户455户。

其次,"互联网+"模式逐步在清远扶贫领域发力。清远市以对口帮扶为契机,以消费市场为重点,以"互联网+"为手段,积极拓宽扶贫产品销售渠道;2019年分别在广州、清远市区建立了清远扶贫农产品展厅和清远脱贫攻坚产品展销馆,集中展销清远市贫困地区特色农产品,进一步打通扶贫产品销售"最后一公里";截至2019年9月底,清远市扶贫农产品总销售额达1.2亿元,其中通过消费扶贫平台销售达9307万元。例如,清远市寻乡记生态农业发展有限公司与石潭镇联滘村合作,打造了"寻乡记"田园综合体项目。近两年来,依托互联网优势,通过网络宣传、招商引资、电商营销等方式,助力身处粤北大山里的省定贫困村联滘村由"空心村"变"网红村"。2018年该村接待了上万名游客,首次实现了建村以来人人有分红。

(二)线下采购高效助农

通过多渠道的线下采购,既调动了贫困人口依靠自身努力实现脱贫致富的积极性,又促进了贫困人口稳定脱贫和贫困地区产业持续发展。在2019年6月举办的广清农超对接会上,清远优选80家农业企业与广州地区280多家商超涉农企业现场对接,签约金额4863万元。截至2019年底,广清一体化的消费扶贫已推进清远农产品进入广州各级机关饭堂6个,开设各类"清远农家"扶贫门店21家,服务消费者超过10万人。另外,依托广东东西部扶贫协作交易市场,畅通了清远市消费扶贫产品营销渠道,完善了扶贫产品流通平台,促进扶贫产品与市场需求有效对接。

清远市以扶贫开发"双到"工作成效和经验为基础,以解决相对贫困问题、尽快实现脱贫致富为首要任务,以增强扶贫对象自我发展能力为着力点,结合完善村级基层组织建设,推进农村综合改革工作,进一步创新扶贫开发机制和模式,实现从"输血式"扶贫向"造血式"扶贫转变,形成贫困村、贫困户稳定脱贫致富的长效机制,推动人民共建幸福美丽清远、共同实现全面小康。

四、清远消费扶贫经验启示

清远市积极探索线上线下相结合的消费扶贫模式,创新市场对接机制,并拓宽产品销售渠道,初步探索出一条具有清远特色的扶贫开发新路子。立足清远市消费扶贫的好经验、好做法,继续推进清远市消费扶贫新模式的开展,有利于激发清远贫困地区发展活力,增强贫困群众自我脱贫动力,进一步消除相对贫困,缩小城乡区域发展差距,促进城乡一体化发展,同时,通过总结和完善清远市推进消费扶贫的相关经验,能够进一步助力新型扶贫机制与模式的开发和创新,为全国推进扶贫开发工作提供示范性经验。具体来看,可以将清远市消费扶贫模式提炼为如下几个层面:

第一,发展"宣传式"消费扶贫,提升扶贫产品销量。开展消费扶贫,需要充分做好扶贫产品宣传,动员全社会力量,凸显农业农村建设品牌效应,鼓励、引导消费者贡献爱心,提升扶贫产品知名度。一是在消费扶贫推进过程中要及时召开宣传信息组工作会议、政策宣传培训动员会议,对宣传工作进行再部署、再落实,要求全体宣传队员认真学习消费扶贫政策,切实读懂政策要求。同时发挥扶贫脱贫先进典型的示范带动效应,在县新闻媒体报道驻村第一书记、致富带头人、脱贫之星等先进典型,从而使贫困县的干部以更积极热情的态度投入推动消费扶贫的工作中,激发消费扶贫的内在动力。二是宣传活动要基于与地方政府的沟通与协调,根据各个贫困地区的实际情况,设计个性化的宣传方案,有效地使政策得以传播、村民对政策得以知晓。充分发挥广大网格员的作用,培训指导他们开展政策宣传,做到村有政策宣传员、户有明白人;制作消费扶贫政策短视频,扩大政府采购支持消费扶贫宣传效果。同时制作消费扶贫政策等音频资料,下发到各乡镇、各行政村,利用村级广播进行宣传播报,使贫困户得以更全面地了解政策的内容与目标。

第二,切实推进多种保障措施,持续完善长效机制。在消费扶贫工作中，需要从扶贫政策、领导班子、帮扶队伍等多方面引入保障措施，形成消费扶贫长效机制。一是建立帮扶责任人和驻村第一书记协作机制，协调采购工作。充分发挥帮扶责任人与基层干部的引领作用，提高贫困地区对消费扶贫政策的认识，积极向贫困户宣传消费扶贫工作，并大力对接供应商，为农副产品销售渠道的健全提供保障。大力提高农副产品的质量，深入监管核实农副产品信息，确保产品的货真价实。利用互联网积极宣传，使更多的消费者了解到本地区农副产品的特色，与物流及电商积极协作、沟通，为农副产品的运输提供良好的渠道。二是及时总结推广成功案例和经验做法。重点报送提高消费扶贫支持、解决脱贫攻坚热点难点问题的成功案例，突出提升消费扶贫质量、制度建设质量等方面的创新做法，为更好地推动消费扶贫的进一步发展提供经验，特别是要深入贯彻习近平新时代中国特色社会主义思想，培养帮扶干部的创新意识与干事能力，激发其工作积极性与热情。

第三，完善政府公共服务体系，健全市场保障机制。消费扶贫的推进不仅需要政府公共服务体系的支持，还需要市场机制的保障。一是搭建完善的网络销售平台，积极推动农副产品一站式聚合。通过建成集"交易、服务、监管"于一体的贫困地区农副产品网络销售平台，充分运用政府采购政策鼓励动员各级预算单位等通过优先采购、预留采购份额的方式，实现贫困地区农副产品在线展示、网上交易、物流跟踪、在线支付、产品追溯的一站式聚合，助力打赢脱贫攻坚战。二是完善农村电商公共服务体系，加强物流配送体系建设。消费扶贫平台可与菜鸟物流、京东帮、中国邮政等物流企业建立物流联盟，共享物流信息，有效提高各类物流资源如仓库、车辆、包装设备、人员和物流配送站点的利用效率，以信息共享整合资源，提升物流配送的规模效益。

下篇

锐意进取，
清远乡村振兴再起航

第九章
美丽乡村：扶贫与乡村振兴的衔接点

党的十九大提出了实施乡村振兴的重大战略部署，其中改善农村人居环境，建设美丽宜居乡村是其重要任务。近几年来清远以农村人居环境整治为突破口，大力实施"美丽乡村2025"行动计划，扎实推进村庄规划、村庄整治，按照"产业兴旺、生态宜居、乡风文明、治理有效、生活富裕"的总要求，以美丽乡村建设为抓手，进一步激发了农村创建美丽乡村新活力，打造了广东省乡村振兴发展示范区，推动乡村振兴走在全国前列。

一、美丽乡村：扶贫实践的自然过渡

清远市是一座有着2000多年历史的岭南古邑，2022年全市户籍人口

453.5万人，其中乡村人口271.06万，占59.8%，是广东省农业大市。全市面积1.92万平方公里，是广东省陆域面积最大的地级市，其中耕地面积263.42万亩。在新时期，清远市推进美丽乡村与乡村振兴融合发展是由其农业发展实际情况决定的。推进乡村振兴战略与美丽乡村建设融合发展，可以在新时期下助力清远市健全城乡融合发展的体制机制和政策体系，破除束缚农村发展的体制机制障碍，统筹推进农村经济建设、政治建设、文化建设、社会建设、生态文明建设和党的建设，加快推进乡村治理体系和治理能力现代化、加快推进农业农村现代化，让农业成为有奔头的产业，让农民成为有吸引力的职业，让农村成为安居乐业的美丽家园。

（一）现实背景

结合清远市市情来看，其乡村振兴工作正处于三大历史机遇的交汇期。在此期间，清远市谋篇布局"十四五"的农业农村工作，着力推进美丽乡村建设工作，久久为功实施乡村振兴战略。概括来讲，清远市在推进美丽乡村建设工作、扶贫发展和乡村振兴工作相融合中存在三大机遇：

第一大机遇是广东省委、省政府领导的高度关注及信任，勇于担当，坚决担负起新时代的"清远使命"，将传承"清远经验"改革精神、探索破解城乡二元结构作为其乡村振兴的根本点。清远市一直积极探索乡村振兴新路，努力创造出可复制、可推广的新时代"清远经验"。

第二大机遇是多项综合改革试点建设机遇。近年来，清远市通过农村综合改革、美丽乡村建设、精准扶贫等形式探索乡村振兴，不仅走在了广东省前列，而且为全国推进乡村振兴创造了许多经验。2018年，广东省委、省政府将清远市列入乡村振兴综合改革试点和粤北生态特别保护区建设专项改革试点单位，要求分别在"探索城乡融合发展新路径，在推进培育新型农业经营主体、农村土地制度和集体产权制度改革、农村人居环境整治、乡村治理等重点领域取得实质性进展"和"落实主体功能区战略，建立绿色发展机制及生态补偿机制等方面先行探索"两个大的方向进行探索。

第三大机遇是广清一体化背景下的"入珠融湾"。清远市处于环粤港澳大湾区的第一层城市圈,是粤港澳大湾区连接长江经济带的"北大门",区位优势明显。随着广清一体化的深入推进,清远与大湾区城市群的联系日趋紧密,打造清远绿色本地、加快"入珠融湾"成为清远市乡村振兴的重要机遇。瞄准打造大湾区宜居宜业宜游优质生活圈的目标,以乡村振兴为切入点和着力点,以绿色生态为基,以丰富的自然资源、深厚的乡村文明积淀为翼,持续推动农旅文资源有机结合、一二三产业深度融合和美丽乡村建设,深度服务大湾区建设,切实把距离大湾区最近的"绿水青山"变成"金山银山"。

(二)发展思路

在上述发展机遇和发展契机下,清远市在深入推进乡村振兴与美丽乡村融合发展的过程中,从顶层设计、制度供给出发,以人民主体为中心,紧抓关键核心要素,做好工作部署,在乡村振兴与美丽乡村的衔接工作中总结出了具有清远特色的发展思路,具体来讲:

第一,针对乡村振兴战略,清远市按照"3年取得重要进展、5年取得明显成效、8年取得阶段性成果"要求,全面实施乡村振兴战略,深入推进"三个重心下移",实现乡村治理体系不断完善;积极推进乡风文明建设,实现乡村民风淳朴、文明有序;大力推进"三个整合",实现乡村各类要素优化配置;深化农业供给侧结构性改革,实现乡村产业发展水平明显提高;加快推进美丽乡村建设和人居环境综合整治,实现生态宜居水平明显提升;全力推进脱贫攻坚,实现乡村贫困群众精准脱贫。

结合清远市现有数据资料和目标规划,到2020年,清远市乡村振兴取得重要进展,实现了全面建成小康社会的目标。城乡融合发展的体制机制初步建立,推进培育新型农业经营主体、农村土地制度改革和集体产权制度改革、农村人居环境整治、乡村治理等重点领域取得实质性进展,农业综合生产能力稳步提升，农村人居生态环境明显优化，以党组织为核心的农村基层组织体系进一步健全，乡风文明明显改善，现行标准下农村相对贫困人口全部实现脱贫，农村居民人均可支配收入超过1.8万元；到2022年，清远市乡村振兴取得明显成效，农村人居环境水平实现大提升。城乡融合发展体制机制进一步完善，农村一二三产业融合发展水平明显提升，现代化乡村产业体系、生产体系和经营体系初步形成，基本完成全市农村耕地整合治理，党建引领基层治理作用明显，现代乡村治理体系基本建立，乡风文明持续改善，生态宜居美丽乡村建设取得显著进展，农村居民人均可支配收入超过2.08万元；预计到2025年，清远市乡村振兴将取得阶段性成果，农村落后面貌显著改变。城乡融合发展体制机制更加完善，农村一二三产业深度融合发展，乡村产业现代化水平显著提升，自治、德治、法治相结合的治理体系和共建共治共享的社会治理格局基本构建，乡风文明达到新高度，良好家风、淳朴民风基本形成；生态宜居美丽乡村建设取得重大成果，农村生态环境根本好转，农村居民人均可支配收入达到3万元，城乡居民收入和生活水平差距显著缩小。

第二，针对美丽乡村建设，清远市紧紧围绕"三年见成效、五年大提升、十年改变农村落后面貌"的工作目标，大力实施"千村示范、万村整治"工程，以县为主体、行政村为基础、自然村为基本单元，按照先整治、后提升，点上梯度创建、面上连片连线打造的推进思路，实行"统一创建标准""统一创建方式""统一考核办法""统一奖补标准"四个统一，通过示范带动，全域推进美丽乡村建设。坚持"一张蓝图绘到底"，力争通过10年（2016—2025年）持续发力，彻底改善清远农村落后面貌。从目标上看，2020年，清远市将全面完成农村人居生态环境综合整治任务，80%以上的自然村将创建成为"整洁村"档次以上的美丽乡村，其中100%的贫困村将创建成为"整洁村"档次以上的美丽乡村。50%以上的自然村将创建成为"示范村"档次以上的美丽乡村。2022年，清远市90%以上的自然村将创建成为"整洁村"档次以上的美丽乡村，70%以上的自然村将创建成为"示范村"档次以上的美丽乡村。2025年，清远市100%的自然村将创建成为"整洁村"档次以上的美丽乡村，80%以上的自然村将创建成为"示范村"档次以上的美丽乡村，建成特色村500个、生态村100个、美丽田园一批，全部行政村达到广东省美丽宜居村标准。

（三）发展经验

通过集中力量分阶段创建一批具有清远特色的美丽乡村，清远市在大力推进美丽乡村建设的过程中探索出了一大批好的经验和做法：

第一，建立规范有序的规划建设管理机制。清远市按照新农村、产业、土地、公共服务和生态规划"五规合一"的要求，科学编制实施乡村建设规划，全面了解村情、民情、山情和水情，突出地方特色。认真落实先规划、后许可、再建设的要求，严格按照规划组织实施。强化规划的引领和指导作用，做到不规划不建设、不设计不施工。制定清远市"美丽乡村2025"行动计划创建指标体系。建立健全培训制度，加强美丽乡村建设的指导力度。强化农村住房规划管理，严格落实"一户一宅"制度，规范农民建房程序。推进乡村许可证制度，把规划内容纳入村规民约，提高农村自我管理水平。通过乡镇行政管理体制改革，落实乡村规划建设管理职责和管理人员。

第二，建立制度完善的项目管理和资金监管机制。清远市建立标准化项目公告公示制度，将项目建设内容、承建方式、奖补标准、资金筹集和使用情况等进行公示，接受社会和群众监督，切实维护村民知情权和监督权。加强工程质量和资金使用监管，建立完善工程质量和资金使用监管制度，把美丽乡村建设纳入行政村"勤廉监督室"工作内容，完善美丽乡村"勤廉监督体系"建设和巡察机制，严厉查处工程建设和资金使用中各类违法违纪行为。强化考核验收，对通过验收的镇、村进行公示并授牌，实施奖补；对当年创建未达标的，给予一年的整改期，验收达标后再予以奖补。对获得"美丽乡村"称号的村庄实行动态管理，两年内进行跟踪回访督查，对回访不达标的予以警告、降级直至摘牌，并暂停申报向上创建资格，待整改验收合格后恢复。

第三，建立公平公正公开的验收机制。清远市修改完善全市美丽乡村建设验收办法，规范验收程序，进一步提升验收工作公信力。建立负面清单制度，对涉及负面清单项目的创建村实行"一票否决"。具体验收工作由市、县两级根据有关规定执行。其中，"整洁村""示范村"的验收以县（市、区）为主体组织实施，市级抽查，"特色村""生态村""美丽田园"的验收工作由市级组织实施。

第四，建立奖惩分明的督查考核机制。清远市在美丽乡村的建设中，建立起各级各部门责任清单，实行对各县（市、区）、乡镇和市直相关部门考评问责制度。把各县（市、区）、乡镇推进美丽乡村创建工作情况和市直相关职能部门相关工作完成情况纳入考核内容，作为干部选拔任用的重要衡量标准，作为下级党委主要负责人向上级党委汇报基层实施乡村振兴战略工作的重要内容。加大督查问责力度，由市委农办、市扶贫办等相关单位组成专项督查组开展专项检查，实行"季度通报、半年督查、年度考核"定期评估督查各地各部门创建工作进度和资金落实情况。审计部门将相关事项纳入精准扶贫、精准脱贫审计督查工作内容。对工作推进不力、政策措施落实不到位或审计查出重大问题的责任单位和责任人进行问责。

二、衔接发展：减贫中实现振兴发展

按照实施乡村振兴战略的总要求，清远市深入推进"生态宜居、产业兴旺、富民兴村、治理有效、乡村文明"五大创建工程，从五个方面探索出了具有清远特色的乡村振兴与美丽乡村的融合发展之路。

（一）以农业供给侧之改革促产业兴旺

清远市在大力促进产业兴旺的过程中推进农业"3个三工程"，构建"3+X"农业产业体系，推进农村一二三产业融合发展，提升清远农业现代化水平，推动了乡村"农业兴、百业旺"，促进了农民持续增收。

1. 从具体举措上看

第一，清远市深入推进"三品"工程，全面提升农产品品质，抓好标准化质量建设管理，打造重点高质量农业企业品牌、县（市、区）优秀农业区域公共品牌，树立市级区域优秀品牌。

第二，打造三大支柱产业，推进柑橘产业复兴发展，并重点发展以英德为主的名优红茶发展核心区，建设了一批茶叶专业镇。

第三，构建"3+X"产业体系，依托资源禀赋加快发展特色优质产业，通过农民专业合作社、农业龙头企业、农业社会服务组织等带动广大农民参与规模种植和养殖。

第四，发展新产业新业态，通过加快完善培育农村新产业新业态推动一二三产业融合发展的体制机制。例如，发展农村电子商务，进一步实施"农业+互联网"销售渠道；落实促进乡村旅游发展；发展乡村共享经济、创意农业、特色文化产业；积极引导乡村民宿规范化、品牌化发展，建成一批"金宿"和"银宿"。

第五，强化农业科技创新引领，加大农业科技项目的支持，打造具有现代农业产业技术研发与农业科技创新能力的农业科技园区，同时实施科技人才下乡计划，鼓励科技人员以技术、资金、信息入股等形式，与农民合作社、家庭农场、企业结成经济利益共同体。推行"互联网+农业科技"服务行动，打通农技推广服务"最后一公里"。

2. 从相关建设成效上看

第一，产业区域布局逐步优化。借助省级现代农业产业园建设和发展"一村一品、一镇一业"的契机，加快构建清远市"3+X"产业体系，基本实现了"一县一园、一村一品、一镇一业"主次有序的产业发展格局。清远市9个省级现代农业产业园囊括了禽、鱼、果、菜、茶、稻等多个优势主导产业，总投资24.07亿元，规划建设了涵盖标准化养殖场、茶园、菜园、果园、稻田等产业基地。产业区域布局得到进一步优化，五大产业集聚区初步显现。

第二，农业结构不断调优调高。一是粮食产业不断向高质绿色发展。近年来清远市积极推广深优、丰优系列，象牙香占、丝苗、美香占等优质稻品种，优质稻种植面积比例不断提升。大力推进有机稻产业，种植面积稳定在3.5万亩左右。同时在阳山等地区积极探索"稻鱼、稻鸭"等综合种养模式，兼顾水稻绿色发展的同时提升水稻综合收益。二是农业结构不断调优调高。农林牧渔服务业增加值结构比从2014年的64.6∶11.7∶16.9∶5.2∶1.5优化为2017年的58.2∶11.9∶21.3∶4.8∶3.8，种植业比重有所下降，牧业、渔业以及服务业比重均有所提升。清远市农业实现了由种植业为主的传统农业向农林牧渔业全面发展的现代农业根本性转变。

第三，"三品工程"建设成效显著。一是农产品种质资源不断丰富。2018年清远市展示示范40个新良种，示范面积达925亩，辐射带动周边开展新品种种植面积2.59万亩。如引进了平和琯溪红肉蜜柚、红肉水晶火龙果、粉蕉等新品种水果，引进澳大利亚淡水小龙虾、加州鲈等新品种水产，引进超级稻"超优千号"进行百亩连片高产攻关试验，亩产比周边高200多公斤。此外，清远市还投入600万元用于清远鸡品种资源保护和清远鸡良种繁育体系建设。二是农产品品质不断提升。近年来清远市已成为广东乃至全国重要的供港食品农产品基地，其出口活猪、观赏鱼和蔬菜的数量、重量位居全省前列。2018年7月"清远鸡"正式获得"供港通行证"，首批冷冻原种清远鸡首次出口供应香港市场；2019年3月清远冰鲜鸡首次供应香港市场。三是农产品品牌建设取得重大突破。截至2018年，清远市新增"三品一标"40个，清远市认证的有机食品62个、绿色食品29个、无公害产品认证数量100个。区域公用品牌建设取得重大突破。清远市涌现了一批在省内甚至国内知名的区域公用品牌，如"清远鸡""英德红茶""连州菜心""阳山西洋菜"等。其中，"清远鸡"入选 2017 百强农产品区域公用品牌。2018年英德红茶品牌价值评估突破 20 亿元大关，达到 20.78 亿元，荣居全国"最具品牌传播力三大品牌"之首。

（二）以生态环境综合整治促生态宜居

清远市谋划和实施"美丽乡村 2025"行动计划，全面推进村庄规划编制，统筹推进农村人居生态环境综合整治、美丽乡村创建、省定贫困村创建社会主义新农村示范村和省级新农村连片示范工程工作。

1. 从清远市促进生态宜居的具体举措上看

一是以"综合大专项"统筹"任务清单"。二是以农民为主体开展"梯度创建"工作。三是全域开展村庄人居环境综合整治。四是加强生态文明建设。

2. 从成效上看

清远市通过扎实推进"千村示范、万村整治"工程，积极开展村庄清洁行动春季和夏季战役，建立"三单一账"，推行"一村一策"，实施"周清半月报月督查"制度，掀起农村人居环境整治热潮。截至 2019 年 11 月 30 日，清远市 14841 个自然村已完成村庄规划编制，覆盖率 100%；完成"三清三拆三整治"自然村 14397 个，完成率 97.01%；完成村道路面硬化自然村 14347 个，完成率 97.45%；完成村内道路硬化自然村 10568 个，完成率 75.04%；实现集中供水自然村 14467 个，完成率 97.48%；建立垃圾收运处理体系自然村 14566 个，完成率 98.38%；完成雨污分流管网建设自然村 7111 个，完成率 53.86%；建有生活污水处理设施（含纳入城镇污水系统统一处理）自然村 5103 个，完成率 36.18%。此外，通过实施"美丽乡村 2025"行动计划，以农民为主体开展"梯度创建"。累计建成美丽乡村 3653个，占清远市自然村的 24.3%。截至 2018 年，已成功创建生态村 9 个、特色村 103 个、示范村 732 个、整洁村 2809 个。

(三) 以培育农村文明建设促乡风文明

在乡村振兴与美丽乡村融合发展的过程中，清远市广泛深入开展习近平新时代中国特色社会主义思想宣传教育。按照《清远市文明乡风建设实施方案及建设标准》以及《清远市文明镇村创建标准》，深入实施"生活环境优美、生活方式健康、乡风民风淳朴、文化生活丰富"四大提升工程。大力开展文明镇村创建活动，广泛宣传、实施"清远乡村文明十二条"，弘扬优秀传统文化，培育农村文明新风尚。加强农村普法教育，增强农民法治观念，引导农民群众依法理性表达利益诉求、维护合法权益。深入推进农村基层社会治安综合治理，把平安法治村创建作为美丽乡村建设前置验收条件，使创建村同步实现"九无"目标。

1. 清远市促进乡风文明的具体措施

一是大力推进乡村法治建设。深入开展法治宣传教育，提升农民的现代法治意识。深入开展一村（社区）一法律顾问工作，为群众提供法律咨询和法律援助。二是加快提升乡风文明。深入实施公民道德建设工程，推动"文化祠堂"建设，推进社会公德、职业道德、家庭美德、个人品德建设，强化道德教化作用。引导农民建村标、立家风、讲家训，支持开展乡村传统有益节庆活动，增强农民对集体的认同感，营造文明向上风尚，并开展移风易俗行动，引导村民自觉抵制陈规陋习，倡导文明新风。三是推进平安乡村建设。深入推进"平安细胞"创建工作，把"平安村（自然村）"创建作为申报文明乡村、创建美丽乡村前置验收条件。建立覆盖到自然村一级"中心+网络化+信息化"体系。严厉打击农村黑恶势力、宗族恶势力。开展农村食品安全治理，确保农村食品安全。

2. 从成效上看

清远市精神文明建设扎实推进成效显著，创建文明村镇活动不断向纵深推进，在经济欠发达地区和山区创建了大批"五好"（经济好、民风好、村容好、生态好、管理好）生态文明村镇。在持续不断的探索中，清远市农村精神文明建设从最初的创建文明户开始，已经逐步发展到创建文明村、文明镇，再到现在开展的创建生态文明村活动，内容不断深化，范围不断拓展，载体不断创新，在加强中改进，在改进中提高，取得了很大成绩，农村社会治安秩序良好，环境面貌明显改善，农民生活质量逐步提高，精神文化生活日益丰富，思想道德水平不断提高，文明平安和谐乡村建设稳步推进，一批环境整洁、绿树环绕、民风朴实、人际和谐的社会主义新农村脱颖而出。同时，通过"七好工程"育文明，实现了基层组织建设好、人居环境好、宣传氛围好、活动阵地好、典型示范好、主题特色好、长效机制好。此外，清远市实现了把文明村镇建设与文明城市创建同步推进，把美丽乡村与新农村建设有机结合起来，采取"立规矩、拂新风、育文明"三步走的路径，着力推动了移风易俗，乡村文明新风更加强劲。清远市还将移风易俗等与村民利益息息相关的内容纳入了《村规民约》，实现了治理重心下移，成立了农村道德评议会、红白理事会、村民议事会和禁毒禁赌会；以基层党建为载体培育优良党风，以文明村创建为载体培育文明村风，以文明家庭创建为载体培育文明家风。

（四）以乡村治理创新体系促治理有效

在乡村振兴与美丽乡村融合发展的过程中，清远市深入推进"三个重心下移"，构建乡村治理新体系。深入实施《中共清远市委 清远市人民政府关于完善村级基层组织建设推进农村综合改革的意见（试行）》，深入推进农村基层党组织建设、村民自治和农村公共服务重心下移，积极探索和创新乡村治理，健全党组织领导下的自治、法治、德治相结合的乡村治理体系。

1. 从具体举措上看

一是强化农村基层党组织建设。制定出台抓党建促乡村振兴实施方案，强化农村基层党组织领导核心地位，建立健全以党的基层组织为核心、村民自治和村务监督组织为基础、集体经济组织和农民合作组织为纽带、各种经济社会服务组织为补充的农村组织体系。

二是完善村民自治制度。健全和创新党组织领导的充满活力的村民自治机制。抓好村委会规模调整试点工作，不断探索村民自治有效实现形式，理顺下移后的村党组织、村民委员会、村务监督委员会、村民理事会、集体经济组织等村级组织的权责关系，总结提炼当地行之有效的议事决事制度，更好地发挥下移后的村级组织在村务管理、农村经济发展、村庄建设等方面的自治作用。

三是建立健全村级组织保障机制。健全自然村（村民小组）党组织经费保障机制，市、县两级财政每年安排自然村（村民小组）党支部工作经费，切实保障自然村（村民小组）党支部正常运作。多渠道解决自然村（村民小组）村级组织议事场所，通过争取各类奖补资金和各方支持新建一批，利用旧校舍、闲置房屋改建一批，利用党建工作经费租赁或改造新建一批，逐步解决村级组织无议事场所问题。建立健全发挥村级组织作用的激励机制，将村集体经济发展和收入增长情况与村级组织成员的工作报酬挂钩，健全村级组织成员退岗后保障和关怀机制，选拔优秀村级组织成员到村级公共服务站工作，激发村级组织成员积极性。

2. 从建设成效上看

一是农村集体产权制度改革稳步推进。截至2018年12月31日，20868个集体经济组织已经全部完成清产核资初始登记工作，核实资产总额91.58亿元，比账面增加4.95亿元，增长1.06%。2019年清远市被确定为国家级农村集体产权制度改革试点市，整市推进试点工作。清远市各县（市、区）按照试点任务要求积极推进农村集体产权制度改革，并陆续出台县级农村集体经济组织成员资格确认指导意见。

二是农村"两权"抵押贷款取得进展。英德市和阳山县承担全国农村土地承包经营权抵押贷款试点任务。两个县（市）在开展农村土地确权的基础上，由县（市）政府与银行、保险业金融机构搭建三方合作机制，初步构建了农村产权交易平台建设及抵押物价值评估机制，建立了风险缓释及补偿机制。两县（市）农地贷款规模不断扩大，试点成效明显。

三是涉农资金整合彰显成效。在两年试点的基础上，清远市继续探索推进中央、省、市、县四级财政涉农资金整合，着力发挥涉农资金的整体合力。针对农业农村中心工作和瓶颈问题，合理确定了整合资金投放的领域及方向，重点支持了农村耕地整合治理、美丽乡村建设、农村人居环境综合整治、现代农业发展等重点工作。引导农民在自愿的前提下，按照相关政策规定的流程，由村集体统筹全村生态公益林补偿、种粮直补、农资综合补贴、良种补贴等资金，将分散到各家各户的普惠性涉农资金整合到村集体，集中用于村中各项公共事业建设，有效解决了一批农民生产生活急需解决的实际问题。截至2018年底，清远市累计整合非普惠性资金50.34亿元、普惠性资金7.19亿元。

（五）以富民兴村增收机制促生活富裕

在乡村振兴与美丽乡村融合发展的过程中，清远市积极构建富民兴村的持续增收机制。深入推进农业供给侧结构性改革，实施"3个三工程"，提升农业供给体系质量效益和竞争力。培育壮大村级集体经济，将农村集体经济发展重心下移到自然村（村民小组），鼓励村集体以出租、合作等方式盘活利用空闲农房及宅基地，获得稳定收入。引导农村集体经济组织因地制宜，大力发展优质高效的特色种养业、农家乐、休闲观光农业、旅游配套服务等，开辟新的增收渠道。着力培育农民合作社、家庭农场、专业大户等新型农业经营主体，引导整合后的农村耕地向新型农业经营主体流转。积极推进农村资源变资产、资金变股金、农民变股东，增加农民财产性收入。同时广东省制定出台《关于打赢脱贫攻坚战三年行动方案（2018—2020年）》，坚持大扶贫工作格局，坚持精准扶贫精准脱贫基本方略，让贫困群众共享发展成果。

1. 从具体措施上看

一是实施增收脱贫工程。通过推广"公司（农民合作社）+基地+农户"等合作形式，确保每个有劳动能力的相对贫困户至少参加一个扶贫产业项目。深化与珠三角劳务对接，吸引企业投资建设就业扶贫基地和"扶贫车间"，开发公益性就业岗位等，多渠道促进有劳动能力、有就业意愿的贫困人口就业创业。探索推进资产收益扶贫，引导贫困村盘活资源资产，增加贫困户财产性收入。

二是实施兜底保障工程。坚持开发式与保障性扶贫并重，将相对贫困人口全部纳入社会保障覆盖范围，大力实施教育扶贫工程、健康扶贫工程、住房安全工程、社会保障工程，提升民生保障水平，确保贫困群众学有所教、病有所医。

三是实施扶志扶智工程。把外力帮扶和内生脱贫结合起来，开展各类型技能培训，提升贫困群众发展生产和务工经商基本技能，提高自我脱贫能力。深入开展贫困户脱贫思想教育，加快补齐"精神短板"，激发贫困群众脱贫内生动力，实现可持续稳固脱贫。四是完善基础设施建设。以进村入户全覆盖为目标，加大农村基础设施建设力度，补齐短板，满足镇村居民日常生活需要。

2. 从成效上看

一是脱贫攻坚取得显著成效。清远市作为全省唯一的国家级扶贫改革实验区，紧紧围绕实现贫困人口"两不愁三保障、一相当"的目标，坚持精准施策，"造血"与"输血"并重，强化兜底保障、产业扶贫、就业扶贫等工作，足额安排本市财政专项扶贫资金，截至2019年，广东省、广州市、清远三级已累计下达至县级精准扶贫开发资金14.8677亿元，其中市级已落实配套资金1.7674亿元，资金使用率达100%。贫困发生率从2016

年的 4.6% 降至 2018 年的 0.27%，2016—2018 年共脱贫 121794 人，占贫困人口总数的 94%。在相对贫困村的自然村（村民小组）建立党支部 2239 个，选派 261 名"第一书记"驻贫困村。截至 2019 年，清远市累计建设产业扶贫项目 11 万多个，带动 30000 多户贫困户参与产业项目，2018 年实现增收 7982.1 元，建档立卡有劳动能力在家务农贫困户产业扶贫参与率达 99.99%。建档立卡贫困户教育补助落实率、医疗保险参保率、危房改造完成率、养老保险参保率、养老金领取率、家庭医生签约率、贫困残疾人纳保率均达 100%。建档立卡有劳动能力贫困户人均可支配收入 14861.92 元，贫困人口培训率 100%、资产性收益项目参与率 99.74%、获得扶贫小额贷款参与率 29.79%。建档立卡无劳动能力贫困人口纳入政策兜底率达 100%。

二是基础设施短板逐渐补齐。以贫困村创建新农村示范村为抓手，统筹推进乡村振兴与脱贫攻坚工作。截至 2019 年底，清远市光纤、道路、供水等一系列基础设施建设日趋完善，"三清三拆"等村容村貌整治工作有序推进。

三是农村居民生活水平明显改善。2018 年，清远农村居民人均可支配收入达到 15163 元，增长 8.1%，增速比城镇常住居民收入高 1.7 个百分点。农村经济的快速发展和农民收入的快速增长，加快了农村消费水平的提高和农村消费结构的升级，推动了农村居民生活水平明显改善，农村居民用于基本生活方面的消费支出逐步下降，2018 年农村居民恩格尔系数逐步下降到 42.6%。

三、清远美丽乡村与扶贫相融合经验启示

清远市在美丽乡村建设过程中，主要从"优化顶层设计，统筹推进美丽乡村创建""实施以奖代补，发挥投入的最大效益""坚持群众主体，激发群众创建热情""整合各类资源，有效拓宽增收渠道"几个方面进行推进，通

过全域推进农村人居环境质量改善，系统推进农村污染治理和生态环境保护，以农村人居环境综合整治为突破重点，以美丽乡村建设为综合大专项，统筹推进人居环境综合整治、省定贫困村创建社会主义新农村示范村、省级新农村示范片建设、美丽乡村创建等工作，取得了较好成效，为乡村振兴打下了坚实基础。总结推荐"清远经验"，不仅能够汇集美丽乡村建设的金点子，还可向全国传播先进经验，促进各地高举发展大旗，尽快落实政策，引领全国掀起美丽乡村创建热潮。清远市在美丽乡村建设与乡村振兴战略有机衔接的过程中，最主要的经验启示如下：

第一，拓宽渠道，整合资源。美丽乡村建设涉及面广、资金需求量大，要拓宽资金来源渠道。一是加大各级政府投入力度，发挥政府引导作用，提高以奖代补额度；二是加大整合资源力度。整合各有关部门资源统筹推进，做到认识统一、步调一致。建立市级统筹、县为主体、乡镇实施、村级创建的分级推进机制，层层签订责任书，明确目标任务和责任要求。对生态扶贫项目、土地整治、环保专项资金和危房改造资金等各项涉农资金，建立统一协调机制，避免"撒芝麻"的情况出现，保证资金使用集中投入，真正实现做一个、成一个；三是加大市场运作力度。通过村企结对共建、金融资本参与、引入市场竞争机制、社会捐资等方式，积极探索社会力量参与建设的新模式，实现合作共赢。

第二，因地制宜，科学规划。因地制宜重在根据地方特色制定有针对性的政策方针，而科学规划正是在因地制宜的基础上，更加合理地分配和使用当地的资源，达到可持续性发展。一是要有特色。根据当地的实际地理情况、经济发展情况、产业分布以及村民的实际需求等，打造异于其他地区的特色产业，从而形成自己的品牌；二是要有支柱产业为依靠。建设新农村的最终目的是让百姓增收，过上幸福生活，而这种增收是要有保障和持续性的，当地的特色产业做成规模以后，就可以带动起整个村的产业链，为百姓提供更多的收入机会和渠道；三是坚持走可持续发展道路。从农民群众生活最贴切的环境卫生整治和村庄道路建设等基础设施配套入手，实事求是地制定实施计划，逐步引导农民向集中居民点集中。

第三，加强宣传，发挥主体作用。美丽乡村建设，广大农民是受益者，也是推进主体，要充分调动村民参与的积极性。充分利用各类宣传媒体，以宣传标语、村庄整治的新旧照片对比等形式开展宣传教育活动，使村民能了解和感受到美丽乡村建设带来的成效和实惠，积极引导广大村民积极、主动参与建设和管理维护，并建立起长效自治管理制度，如对乱倒垃圾、违反有关规定者给予警告或经济处罚等。

第十章
机制引领：清远相对贫困缓解之道

《国家人口发展规划（2016—2030 年）》提出"探索建立符合国情的贫困人口治理体系，推动扶贫开发由主要解决绝对贫困向缓解相对贫困转变，由主要解决农村贫困向统筹解决城乡贫困转变"。现阶段消除绝对贫困的脱贫攻坚战取得全面胜利，2020 年后缓解相对贫困成为我国贫困治理的主题。清远市作为国家扶贫改革试验区，自 2015 年以来积极探索缓解相对贫困的长效机制，且取得一系列丰硕成果。本章将对清远市建立缓解相对贫困长效机制的探索进行探讨。

一、相对贫困：从认知到践行

2019年10月，党的十九届四中全会通过的《中共中央关于坚持和完善中国特色社会主义制度 推进国家治理体系和治理能力现代化若干重大问题的决定》，提出"坚决打赢脱贫攻坚战，巩固脱贫攻坚成果，建立解决相对贫困的长效机制"，表明相对贫困的治理是2020年后全国脱贫攻坚的重心所在。为努力提高扶贫开发工作水平，探索扶贫开发治理的有效途径，早在2013年原国务院扶贫办就在广东、辽宁和浙江三省设立扶贫改革试验区。试验区改革内容包括"创新扶贫体制机制，统筹解决农村贫困"，其贫困治理的范围不限于消除绝对贫困，更高瞻于治理相对贫困的探索。

作为扶贫改革试验区，清远市在探索相对贫困治理方面创新了一系列有效的扶贫政策和措施。《中共广东省委 广东省人民政府关于新时期精准扶贫精准脱贫三年攻坚的实施意见》用于识别相对贫困群体。《意见》规定"农村居民年人均可支配收入低于4000元（2014年不变价）的标准为相对贫困人口；村年人均可支配收入低于8000元（2014年不变价）、相对贫困人口占村户籍人口5%以上的标准的村为相对贫困村"，依照标准清远市农村共有6.2万户、14.1万人相对贫困人口和261个相对贫困村。

为确保2020年全省相对贫困人口、相对贫困村全部实现脱贫和有序退出，2019年底清远市脱贫攻坚指挥部办公室印发《关于开展相对贫困人口相对贫困村退出工作的通知》指导相对贫困村和相对贫困人口的退出工作。相对贫困人口的退出标准是稳定实现"两不愁三保障"，有劳动力的相对贫困户年人均可支配收入达到当年省农村居民人均可支配收入的45%，符合条件的无劳动力贫困户全部纳入政策性保障兜底。相对贫困村退出标准方面，相对贫困村退出以"两不愁三保障"和"一相当"（即相对贫困村基本公共服务主要指标相当于全省平均水平）为主要衡量标准，相对贫困村年人均可支配收入达到当年全省农村居民人均支配收入的60%，综合考虑村贫困程度、农民收入、集体收入、人居环境和基础设施、基本公共服务、党组织建设等因素。清远市相对贫困长效机制的探索与其扶贫实验改革密切相关。

由相对贫困群体的认定到退出，清远市围绕着"三个重心下移"和"三个整合"出台了一系列改革措施，收获了诸多宝贵经验，探索出缓解相对贫困的长效机制"六个留下"，即留下一支永不撤走的扶贫工作队；留下一个带动贫困户增收的产业；留下一个带动发展生产的新型农业经营主体；留下一笔互助发展的资金；留下一个治理有效的机制；留下一个生态宜居的美丽乡村。

二、识别之道：清远相对贫困

（一）相对贫困人口认定标准

《中共广东省委 广东省人民政府关于新时期精准扶贫精准脱贫三年攻坚的实施意见》规定：按农村居民年人均可支配收入低于4000元（2014年不变价）的标准，为相对贫困人口。按村年人均可支配收入低于8000元（2014年不变价）、相对贫困人口占村户籍人口5%以上的标准，为相对贫困村。其中农村居民人均可支配收入 =（工资性收入 + 生产经营性收入 + 财产性净收入 + 转移性收入 - 生产经营性支出 - 转移性支出）÷ 家庭人口。

2019年调整人均可支配收入计算方法。其计算公式是：

家庭人均可支配收入 = ｛［工资性收入 + 家庭经营收入 + 财产性收入 + 转移性收入（不含非正常收入所得）］- 费用｝÷ 家庭人口

清远市除"收入"作为贫困户的唯一识别标准外，还关注家庭支出的因素，包括农户的衣食住行以及子女教育、医疗保障等多方面的支出。由于开支较大，造成生活长期贫困，此类家庭经村民代表大会评议通过等程序后，可纳入贫困帮扶对象。

（二）相对贫困人口核查方法

清远市相对贫困的核查方法主要包括：一是准确核查贫困家庭具体的收支情况，向农户详细了解家庭收入支出的情况，进行比对核查，确保数据真实准确；二是通过"四看""五优先""六进""七不进"的方法进行进一步的分析判断。

"四看"即：一看房、二看粮、三看劳力强不强、四看家中有没有读书郎。其中，看房要注意分辨是不是唯一住房，是不是危房、泥砖房，看人均住房面积，看房屋的装修、摆设。

"五优先"即：五保户和低保户优先、无房户和危房户优先、重大疾病和残疾户优先、因病返贫和因灾返贫户优先、因教和因老致贫户优先。

"六进"即：一是家庭主要劳动力死亡、孩子未成年的农户要进；二是不符合五保条件的孤寡农户和单亲家庭要进；三是家庭主要劳动力长期生病，不能从事基本劳动的农户要进；四是家庭人口有丧失劳动能力的残疾人口的农户要进；五是住房不避风雨的农户要进；六是因自然灾害、突发事件造成家庭特别困难的农户要进。

"七不进"即：一是近三年内新建建筑面积为80平方米以上的住房或在城镇购买商品房的农户不能进；二是子女有赡养能力但不履行赡养义务的农户不能进；三是家庭拥有小汽车或大型农机具的农户不能进；四是直系亲属有属于财政供养人员的农户不能进；五是长期雇用他人从事生产经营活动的农户不能进；六是对举报或质疑不能作出合理解释的农户不能进；七是有劳动能力但好吃懒做、打牌赌博导致贫困的农户不能进。

整体上，通过家庭收入支出，以及其他方面家庭情况的判断能够形成多维度的核查方法，避免由于单维度的收入评测造成错评和漏评问题，多维度的识别方法更为科学准确，保障相对贫困识别的精准。综合而言，清远市在贫困村的认定和识别方面探索出了一条有效的识别路径，引入贫困人口占比和村人均收入作为贫困村识别的双重标准，在贫困群体的识别机制上值得思考和借鉴。但清远市对于相对贫困人口的认定和识别方式与国家推行的绝对贫困的认定方式无较大差别,在后续认定机制方面清远市可以改进识别方案,提高贫困人口识别的精准性。

三、长效机制:"六个留下"

为探索缓解相对贫困的长效机制,清远市围绕着政策保障、产业增收、金融扶持、就业培训、社会扶贫、内生动力等多个方面进行大胆创新与尝试,经过不断实践创造性地探索了以"六个留下"为核心的脱贫长效机制(图 10-1)。

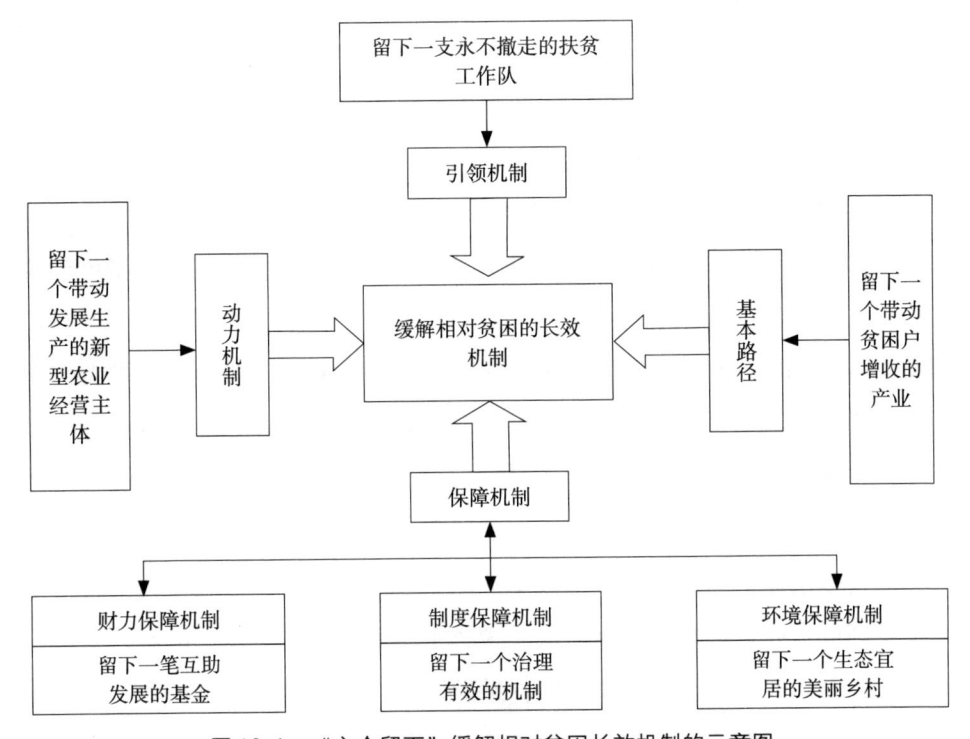

图 10-1 "六个留下"缓解相对贫困长效机制的示意图

"六个留下"的长效脱贫机制主要包括四个部分,首先是围绕党组织和扶贫工作队形成的引领机制;其次是以新型农业经营主体为核心的动力机制;再次是以财力、制度和环境共同形成的保障机制;最后是以产业扶贫为主要扶贫方式的基本路径。四部分协同合力推动"六个留下"长效机制的平稳运行。下面做具体介绍:

(一)引领机制

回顾前文第三章,我们强调了以基层党建为引领的重要性。而这条引领机制也与相对贫困的缓解思路有着分不开的关系。从清远的设计思路上看,着力留下一支永不撤走的扶贫工作队是缓解相对贫困的引领机制,其作用是统筹全局和布局脱贫攻坚战略。清远市坚持把加强基层党组织建设作为夯实脱贫攻坚和建立健全稳定长效脱贫机制的基础,确保帮扶结束后在贫困村留下一个强有力的基层党支部。

2018年起,清远市派遣3000人左右的乡村振兴工作组(队)到各行政村,以"1+6+N"任务为抓手综合推动乡村振兴战略在乡镇(街道)和村(社区)层面的全面实施。"1"是指基层组织建设,重点是支持和保障农村党组织发挥领导核心作用,推动建设党建引领乡村振兴示范村;"6"是指推动脱贫攻坚、生态宜居美丽乡村建设、平安村镇建设、法治乡村建设、文明村镇建设、"四好农村路"建设,重点是对村(社区)重要事项决策、重大资金使用、重点项目建设等工作进行指导和监督;"N"是指支持各镇村围绕乡村振兴自行开展的特色做法。组织开展农村党建示范活动,树立脱贫攻坚先进典型,发挥党组织在打赢脱贫攻坚战,实施乡村振兴中的领导核心作用。

农村基层党组织可以把脱贫攻坚战的各项战略部署以及各项政策转化为带领贫困群众脱贫致富的具体行动,带领贫困群众自力更生、群策群力,最大限度地汇聚脱贫攻坚力量,使农村基层党组织成为引领、组织和汇聚脱贫攻坚力量的领导核心。清远市以党组织为核心,以"1+6+N"基层工作模式的推广，为2020年后缓解相对贫困工作的开展谋篇布局，引导农村后续扶贫工作的平稳开展。

（二）动力机制

以农民专业合作社为载体，着力留下一个带动发展生产的新型农业经营主体是缓解相对贫困的动力机制。新型农业经营主体集资本、技术、劳动力等多种生产要素于一体，是带动生产创造农村经济的绝对力量。清远市积极培育和壮大农民专业合作社、龙头企业等新型农业经营主体，将农民有效组织起来，更好地实现了小农户与大市场的联结，大大增强了农户抵御风险的能力。

2018年起清远市委组织部每年安排300万元以上的资金用于乡村人才工作，推动有关职能部门抓好新型职业农民、农村实用人才培训，选拔培养一批在乡村振兴中作出较大贡献、示范带动能力较强的农村实用人才，支持农村青年创业小额贴息贷款，推动乡村人才振兴，进而培育新型农业经营主体，实现乡村经济社会的全面振兴。

一是实施新型职业农民培养工程。清远市每年安排一定经费用于推动有关职能部门抓好新型职业农民、农村实用人才培训，结合"青苗培育"工程、"头雁"工程，培育一支爱农业、懂技术、善于经营的新型职业农民队伍。通过实施农技推广人才培养计划，鼓励在岗农技推广人才参加大专以上学历进修，实行学费补贴政策；实施青年返乡创业扶持计划，建立"返乡创业导师服务团"，对返乡创业青年进行"一对一"帮扶，每年安排一定经费支持农村青年创业小额贴息贷款，积极创建青年返乡创业孵化基地。

二是实施乡村专业人才培养工程。清远市采用多种途径培养专业性人才，提高贫困群体的人口素质。与清远职业技术学院合作，采取混合所有制方式做强办活农业学院，每年安排一定经费支持培训农村实用人才；实施"粤菜师傅"工程，对符合相关标准的技师发放一次性岗位补贴。

三是实施农业专家下基层行动。按照"一村一品、一镇一业"要求,清远市在条件成熟的行政村建设农业专家联络站,根据乡村经济发展、农村种养、新村规划、畜牧医疗、水利修治等方面需求,引导专家人才驻站开展服务。对每个农业专家联络站给予一定的创建经费,每年对联络站进行考核,根据考核评估结果支持运作经费。

四是实施新乡贤返乡工程。清远市多举措引导乡贤回流,首先,引导教师、医生、农业科研人员、文艺工作者、乡村规划设计建设人员等定期服务乡村;其次,支持企业家、党政干部、专家学者、专业人才等新乡贤,在镇村党组织领导下,通过参与乡村治理、引资引智、担任志愿者、投资兴业、行医办学、捐资捐物等方式服务乡村;最后,鼓励有条件的国家公职人员退休后返乡定居服务乡村。

五是破解外来人口融入本地治理难题。清远市总结推广非户籍常住居民及党员参选社区(村)"两委"班子的试点经验拓展外来人口参与基层社会治理的途径和方式。在流动党员集聚地建立党组织,加强基层党组织和工会、共青团、妇联等群团组织对外出、外来务工经商生活人员的关心与帮助。

总结来讲,农村新型经营主体之所以成为缓解相对贫困长效机制的动力机制,主要有两方面的原因:其一,新型经营主体掌握着产业发展的人才、资本等诸多的生产要素,有强大的产销能力,诸多扶贫措施的落实都需要其带动;其二,新型经营主体的长久存在,能够带动区域贫困人口的就业和增收,提高贫困群体的生活水平。清远市一系列培育新型主体措施的推行,有益于当地产业扶贫的发展和贫困群体的带动。

(三)保障机制

保障机制为"六个留下"良性运行提供先决条件,其主要包括财力保障机制、制度保障机制和环境保障机制。

下篇
锐意进取，清远乡村振兴再起航

第一，**财力保障**。以扶贫资产后续管理为重点，着力留下一笔互助发展的资金是缓解相对贫困的财力保障。清远市重点探索解决扶贫资产后续管理和发挥作用等问题，努力把贫困村的扶贫资产变为可持续发展的扶贫资金，为相对贫困时期的低收入群体继续保持增收和发展的态势打下坚实的基础。具体来看：**首先，成立经济社管理集体资产**。在自然村（村民小组）全面建立集体经济组织（经济社），负责管理和经营本集体"三资"，组织发展村集体经济，建立起以村党组织为核心，基层自治组织、农村经济组织相结合的村级基层组织体系。将村组两级集体资产、资金、资源纳入农村"三资"平台管理，依法依规依章清理不规范经济合同，依法依规推进废止、重签、竞投标工作，大力发展农民合作经济组织，努力实现农民致富、集体增收。**其次，多途径增加村集体收入**。通过加大资金、项目和政策等资源的扶持力度，引导支农、扶贫、产业等各类项目资金投向村级集体经济项目，发展一村一品、一镇一业，做强富民兴村特色产业。同时开展土地整治，将集体荒地荒山的租金收入积累起来变成集体收入，农业"三项补贴"和林业补贴也变成集体收入。

第二，**制度保障**。通过形成自治、法治、德治相结合的乡村治理体系，并推广以村党组织为核心的"民主商议、一事一议"村民协商自治模式，大力推进"村民议事厅建设"。具体做法是一方面推动农村党建根基延伸到最基层，扩大党的组织和工作在农村基层的有效覆盖；另一方面在行政村一级建立党总支，在村民小组（自然村）建立党支部，加强村党组织对村民小组工作的全面领导。设立村民理事会，推动村落自我管理。2018年，清远市在行政村一级共设立党总支1018个，在村民小组（自然村）共成立党支部9383个、村民理事会16000多个。

第三，**环境保障**。清远市以美丽乡村建设为抓手，着力留下一个生态宜居的美丽乡村是清远市缓解相对贫困的环境保障。正如前文分析，清远市在加大财政资金投入的基础上，转变美丽乡村建设资金投入方式，制定验收标准，采取建设完工验收合格后以奖代补的方式拨付资金。

综合而言，引领机制统筹布局缓解相对贫困的政策与措施，为产业扶贫的基本路径指明方向；动力机制和保障机制为产业扶贫的基本路径提供支持和保障。三个机制相互配合，促使基本路径平稳发展，2020年后清远市相对贫困的工作蔚然可观。因此，上述三方面的保障机制为构建缓解相对贫困长效机制提供了先决条件和各项支持。其中，财力保障和环境保障是长效机制得以构建的坚实物质基础，是后续缓解相对贫困各项具体措施得以有效开展的物质保障。制度保障为缓解相对贫困长效机制的构建提供非物质支持，有效的制度能够引导贫困群体积极参与扶贫工作，与政府齐心协力共同推进反贫困事业。

四、清远缓解相对贫困经验启示

相对贫困迥异于绝对贫困，是一种长期性和相对性的贫困现象，其只能被缓解，不能被消除。综合清远市的扶贫经验，构建缓解相对贫困的长效机制必须达到两方面的要求：一是要有比较规范、稳定、配套的制度体系，例如清远市"六个留下"的长效机制；二是要有推动制度正常运行的"动力源"，例如清远市的保障机制和动力机制。制度的平稳运行才能保障机制的长久稳定。清远市努力将试验区的改革与当前正在开展的农村综合改革工作结合起来，解决清远市相对贫困的问题，"六个留下"的长效机制有诸多可取之处，尤其对2020年后的缓解相对贫困机制建设具有一定参考和推广价值。

第一，清远相对贫困缓解机制建设激发了农民主体作用，鼓励村民自治。从精准扶贫到2020年后的乡村振兴，走出中国特色的农村发展之路是乡村改革的核心所在，发挥农村农民的自我管理作用是农村改革得以长效的关键所在。清远市尊重群众的首创精神，在党组织领导下发挥自然村（村民小组）村民理事会、新乡贤及其他社会力量的积极推动作用，激发农民内生动力，使乡村振兴真正成为农民群众的需求。清远市一系列的举措给予村民充分的自治权利，激发了村民的内生动力，让村民成为农村管理的主体。而清远市相对贫困的改革始终围绕着"村民自治自理"的主题展开。在"三个重心下移""三个整合"中都是积极推动事权和财权扎根于村庄，让村民成立集体经济组织（经济社）、村民理事会等自我管理的组织，自我服务。在"美丽乡村"的项目建设中推行"以奖代补"的政策，鼓励村委会自发地申报村庄建设项目，自我筹资，自我建设，然后再有项目资金奖励，完全激发村民自我建设、自我发展的内生动力，发挥村民的建设主体作用，激励村民自治。

第二，清远相对贫困缓解机制建设打造了完整产业链，稳定农企利益联结。自扶贫改革试验区建立以来，清远市以"扶贫、改革、试验"为理念，打造出了一条完整的、本地化的旅游扶贫开发的产业链，依托产业链将农户与企业的利益紧密联结在一起。其一，清远市充分利用旅游业辐射广、关联性强的特点，在进行民族地区旅游扶贫开发时延伸发展有本地特色的种植养殖业、餐饮旅店经营、农副产品加工销售、运输等相关产业，并发展了适应本地旅游开发需要的文化产业、建筑业、装修业等产业，延长旅游扶贫的产业链，打造出了一条以旅游业为龙头的、完整的本地化产业链。其二，清远市主动与其他利益相关者特别是贫困农户建立良好的互动互利关系，尽可能购买来自当地农民的食材和原料加工，提供餐饮、特色旅游商品等，尽量把无成本或低成本的旅游收入机会让给参与能力弱的贫困家庭和贫困人口，保障贫困人口的参与机会和分享利益权利。如此，充分发挥了旅游产业的增长极作用和扩散效应，最大程度地开发、利用本地资源和劳动力，实现地方种、养、加、演等专业户与乡村旅游经营户的合作共赢，促成乡村旅游扶贫产业集聚发展和贫困户共同发展。

产业扶贫过程中，能够促进政府将党政部门、企业、高校等组织机构面向贫困人口的扶贫资源进行有机整合，经过充分论证和科学规划，分别投入技术、信息、资本、土地、劳动等要素来共同发展扶贫产业，并充分发挥各自优势来促进产业健康发展，同时通过利益联结机制，强化扶贫主体与贫困户的合作关系，保障各方都能达到各自利益目标。此外，完整的产业链能够保障产业扶贫的稳定性和企农利益联结机制的长效性。

第三，清远相对贫困缓解机制建设推进区域一体化发展，构建以城带乡机制。缓解相对贫困最为有效的途径是促进区域经济发展，提高贫困群体的家庭收入。但农村地区由于市场化的程度不高，土地等各种资源缺少市场化的价值，难以有效转化为资产资本，经济发展必然受限。与农村不同，城市拥有着充足的社会资本和广阔的市场，对土地、农产品等各种资源的需求较大。以城市带动农村经济发展，促进农村资源的市场化和资产化是促进农村区域经济发展的必然选择。

整体上，纵观清远市的做法，其积极推进"广清一体化""大粤湾菜篮子工程"等发展策略都是着眼于清远市区域经济的整体发展，依据发达地区的市场需求引导本地区的产业发展，培养本土化的新型农业经营主体，将清远市农村地区打造为市场的"供给者"，以城市的需求促进区域自身的发展，从而带动农村贫困群体的就业和增收，有效缓解相对贫困的问题。

第十一章
绿色减贫：清远生态长效发展路径

习近平总书记在党的十九大报告中指出，要"加快生态文明体制改革，建设美丽中国"，并明确推进绿色发展，着力解决突出环境问题，加大生态系统保护力度，改革生态环境监管体制四项目标任务。贫困地区加快发展，首先要打赢脱贫攻坚战。确保如期实现脱贫攻坚目标，贫困县脱贫摘帽，贫困人口稳定脱贫，重点要在绿色发展理念的贯彻落实中，采取有效措施推进绿色减贫的深入发展。近年来，清远市切实践行绿色发展理念，把生态文明建设作为推动经济转型升级、优化产业结构的重要抓手，在广东省山区率先探索协调发展、绿色发展之路，取得了阶段性明显成效，环境质量实现持续改善，农村环境整治效果明显，城市绿化工作增量提质，绿色经济长足发展。绿水青山就是金山银山，作为国家主体功能区试点示范市，清远最宝贵的财富是绿水青山，也正是基于此，清远市制定长远规划，以绿色产业体系为支撑，以重大生态工程为抓手，以改革创新为动力，以改善民生为目的，加快经济转型升级，统筹城乡绿色发展，努力走出了一条绿色、循环、低碳、可持续的绿色崛起之路。本章将对清远市绿色减贫的发展机制与实践模式进行探索。

一、以生态建设促发展：清远绿色减贫背景意义

绿色减贫是指在贫困地区发展和精准扶贫精准脱贫中，以扶贫对象稳定脱贫、实现可持续发展为目标，把绿色发展理念、要求、方式贯穿精准扶贫精准脱贫全过程，实现脱贫致富和生态文明建设双赢。在贫困地区，绿色减贫发展从理念到实践深入发展，正成为打赢脱贫攻坚战的重要组成部分，绿色减贫成为精准脱贫的重要模式。

（一）绿色减贫发展背景

清远市位于广东省中北部、北江中下游。截至2021年底，清远市土地总面积1.9万平方千米，是广东省陆地面积最大的地级市，辖清城区、清新区、阳山县、佛冈县、连南瑶族自治县、连山壮族瑶族自治县2区4县，代管英德市、连州市2市。2022年末，全市常住人口398.57万人。清远市的自然条件较好，尤其是北部连阳四县生态资源丰富，森林覆盖率领先整个广东省。截至2018年末，清远市森林覆盖面积138.4万公顷，森林覆盖率72.2%，林木绿化率74.7%，省级以上自然保护区8个（其中国家级3个、省级5个），自然保护区面积19.0万公顷。正是因为清远市具有良好的自然资源禀赋，其先后获得"中国宜居城市""国家园林城市""中国生态休闲旅游城市"等众多荣誉称号，被誉为珠三角后花园。面对老天赐予的金山银山，清远人对自己的绿色财富倍加呵护。近年来清远市不断明确发展思路，

进一步推动生态文明建设，坚定不移地走生态立市和绿色发展道路。无论是把生态优势转化为发展优势，加快宜居城乡建设步伐，还是像连山那样，把实行生态发展区产业准入负面清单，抑或是要求北部四县蹚出生态发展、绿色崛起的新路子，以及连南瑶族自治县的民族风情组合，都展现了清远在生态文明建设中的骄人成绩。

在广东省"一核一带一区"区域发展格局中，清远被划入"一区"，定位为生态发展区，是粤北重要生态屏障。立足这一功能定位，清远以绿色生态引领，在高水平生态保护中实现高质量发展。坚持绿色减贫、实现绿色发展，这也是由清远市生态环境基础脆弱、贫困人口通常面临发展与生态保护选择等特征所决定的。此外，清远市一直努力通过改革创新，让贫困地区的土地、劳动力、资产、自然风光等要素活起来，让资源变资产、资金变股金、农民变股东，让绿水青山变金山银山，带动贫困人口增收。近年来清远市成为远近闻名的脱贫致富典型，核心的经验就是在发展中很好地平衡了经济增长与环境保护，通过发挥本地特色优势资源，发展生态乡村旅游，开发生态茶园，发展山泉水产业，因地制宜走出了一条"绿色减贫"的道路，不仅帮助当地村民脱了贫而且实现了致富。

（二）绿色减贫实施意义

改革开放以来，尤其是21世纪初前10年，清远市通过承接产业转移、低门槛招商引资，经济一度高速增长，GDP增幅曾高达30%，但也由此产生了一系列环境问题。2012年初，在主体功能区规划中，清远被列为全省的生态发展区域。以此为新的起点，清远在经济领域的"绿色"行动开始实施。自此以后，清远切实践行绿色发展理念，环境质量实现持续改善，农村环境整治效果明显，城市绿化工作增量提质，绿色经济长足发展。清远市在践行绿色发展理念和实施内容上充分考虑了贫困地区的内生发展，注重从贫困人口的文化水平、发展观念以及健康水平等方面进行改善，防止返贫现象或者代际贫困现象的出现,这为其乡村振兴发展提供了一定的基础,避免脱贫后无法自力更生的现象出现。同时,清远市秉持绿色发展理念中人、自然和经济和谐发展的原则,充分保护和有效利用了当地的自然资源,在合理范围内"精而巧"地开发一些生态扶贫项目,增收的同时也进一步提升生态保护重视度,为贫困地区保留了"绿水青山",这与乡村振兴战略中的"生态宜居"相吻合。因此,绿色发展成为该市贫困地区实现脱贫的重要手段,也成为衔接乡村振兴的有效桥梁。此外,清远促进绿色发展、共享发展,帮助当地民众创富,许多在外务工的农民返乡务工,有效缓解了农村"空心化"问题,不但土地有人耕种,而且更多的留守老人、留守儿童有了照顾。

二、以顶层设计铺道路:清远绿色减贫发展道路

绿色减贫相比传统减贫模式而言,思路较新、实践较少,民众对其接受需要一个过程,实践起来也需要一个周期。清远市为了更好地推进绿色减贫理念与实践相结合,因地制宜地探索出适合贫困地区的绿色减贫新路径,建立了全面有效的绿色减贫体系,初步实现了"百姓富"与"生态美"的有机统一,美丽生态下"小而美、小而富"的喜人局面正在形成。

(一)扶贫与生态文明相融合的顶层设计

清远市在绿色减贫体系构建的顶层设计过程中,努力将绿色理念深刻融入扶贫开发工作之中,形成了一套科学的绿色扶贫理论体系,制定了一套有效的绿色扶贫可操作步骤,从而达到理论科学性与现实操作性的统一。在底层落实过程中,清远市政府通过对顶层设计中理论的深刻领会和步骤的有效吸纳,从而真正将绿色发展理念、绿色发展方略以及绿色发展机制落实到实际扶贫开发工作的全过程。从上下贯通的角度看,清远市将

绿色扶贫的顶层设计与底层落实结合起来，有效地推进了绿色扶贫方略的构建。

在清远市政府的大力推进下，政府的管理方式也日趋人性化、现代化，不断提升公共服务和产品的质量和效益，加大公共资源向绿色产业倾斜力度，努力推动经济发展方式的迅速转变。在发展道路上，清远充分汲取发达地区经验教训，坚持走绿色发展道路，把生态环境保护工作作为重点和难点，形成独具特色的"绿色GDP"发展理念，树立"生态保护也是发展"的可持续发展思想，充分保护好和利用好生态环境资源，发展绿色生态优势。党的十八大以来，清远以其良好的生态环境和较高的宜居性，显示出明显的城市竞争力。例如，清新区在干部考核中引入了绿色GDP元素。在工业园建设中，坚持经济指标与绿色生态指标并重的原则，各项设施均严格按照国家消防、环保等建设要求，把保护生态环境与项目建设有机结合起来，实现生态环境与发展的和谐统一。通过在项目设计中注意考核当地贫困地区的生态环境承载能力，对生态保护区进行保护性规划和开发，尤其对部分生态环境较为脆弱的贫困地区，须在扶贫规划中充分融入生态环境保护因素，使生态环境保护成为扶贫开发考量的重要指标之一。

（二）坚持生态环境保护的绿色发展主线

清远市在绿色减贫的探索过程中，尤其注重生态扶贫机制创新，着力加强生态环境保护，建设生态文明，促进人与自然的和谐发展。在绿色扶贫工作中注重当地绿色环境的包容性发展，提升当地政府、企业以及贫困人口自身的绿色资源保护意识，积极推进结构调整和升级，改变传统的开发模式，采用一些新型可再生资源减缓生态资源的开发压力，致力于加强生态环境保护，持续改善生态环境，主要措施如下：

第一，加强主体功能建设。清远市不断完善主体功能区制度，强化主体功能区分区管控，落实重点生态功能区产业准入负面清单制度。加大对农产品主产区和重点生态功能区的转移支付力度，完善重点生态功能区、禁止开发区的生态补偿机制，强化激励性补偿。构筑生态安全格局，不断优化生态环境，大幅提高生态产品供给能力。构建生物多样性保护网络，全面提升森林、河湖、湿地等自然生态系统稳定性和生态服务功能。

第二，加强环境保护治理。清远市加强森林系统保护与建设，强化森林资源保护，努力扩大森林面积，推进城乡绿化工程，清远北部地区各县（市）年均绿化造林2万亩以上。大力实施石漠化综合治理，开展小流域水土流失综合治理和河流保护，开展生态移民搬迁和生态扶贫。加大污染防治力度，大力推进污染物减排，加强水、大气、固体废物、土壤重金属污染防治力度。加强环境风险防控和环境监管能力建设。

第三，构建生态制度体系。清远市弘扬优秀传统生态文化，加强生态文明宣传教育，培育生态文化载体，推行绿色低碳生活方式。完善生态文明建设相关评价考核制度，健全自然资源资产产权制度和用途管制制度，科学划定和保护生态红线，建立健全生态补偿机制，建立健全市场化交易制度，加强生态文明法治建设。

（三）铺设绿色产业扶贫的长效脱贫路径

清远市在探索产业绿色化的过程中，将减贫产业项目的设计、实施及考核监测等环节融入绿色发展理念，注重对绿色资源的保护及限制，通过结构调整、技术升级、提升管理等方式增强产业的绿色化水平，进而使得减贫产业趋于健康、可持续发展。清远市的产业绿色化可持续概念贯穿于企业的产品研发、设计、制造、销售、回收等一系列过程中，提高了贫困地区的生态效率，为贫困地区打造了一个健康良性的外部环境。同时，清远市的绿色产业也为贫困地区带来了一定的长期经济效益，增强了贫困地区的可持续减贫潜力，对贫困地区未来的自身发展能力产生了较为积极的影响。

此外，清远市在打造产业扶贫示范片时，综合考虑国家对生态环境的总体要求、清北地区被纳入国家主体功能区后，提出了绿色产业的发展理念。其一，对于被划入主体功能区的清北地区，清远市以美丽乡村政策为牵引力，注重结合当地的文化、自然、区位等资源，积极发展因地制宜的特色文化产业、旅游产业、农旅结合产业。多年来清远以"亲情温泉、激情漂流、闲情山水、奇情溶洞、热情民族、浓情美食"为六大旅游品牌。清远生态旅游在原有六大品牌的基础上，加强了乡村振兴战略实施力度，生态与文化并举，打响了民族特色旅游品牌，形成产业效应。生态旅游消费的升级，让乡村旅游、民族文化旅游等元素也日益增加，成为新看点。如此一来，既保护了当地的自然环境，又确保了脱贫任务的完成，真正实现了产业扶贫示范片"绿色、特色、可持续"的发展理念。其二，对于未被划入主体功能区的县、市、区，清远市要求其根据当地的产业基础，选择产业基础较好的、治理秩序较完善的、土地整合程度较高的村庄，连片打造产业扶贫示范片，同时，注重对生态环境、当地历史文化的保护，不断加强生态意识，使绿水青山真正成为"绿色生产力"，使产业走向了产能高效、生态平衡、均衡循环的新格局。其主要措施如下：

第一，大力发展生态文化旅游业。清远市生态旅游业为了实现进一步发展，不断提高生态旅游地导游的专业素质，壮大科技人才队伍，增强基础设施的生态兼容性，增强社区居民的参与深度，提高科技含量，科学规划生态旅游地系统，加大政策支持和资金投入，从而为改善和促进清远市生态旅游的发展提供保障，以期建设更具有清远特色的生态旅游产业，加速清远市生态旅游经济的发展。此外，清远市引导当地基层干部的扶贫观念和行动，并把旅游扶贫作为扶贫领域的新兴产业去治理，采取积极有效的行动营造出一个良好的发展环境。其一，清远市结合本地风土人情及地方性知识，制定有利于旅游扶贫的政策法规，为旅游扶贫创建良好的平台和优越的发展环境。其二，清远市结合本市的自然地理条件，兼顾环境保护和产业发展两个硬指标，制定适合当地实际情况的旅游发展规划，为近期的旅游扶贫目标和远期的旅游扶贫远景作出图景。其三，清远市积极协调环境、文化、交通、科技、财政等部门的协作，通过在环境评估、项目融资、基础设施建设、土地征占、税费征收等方面提供便利或优惠，引导、激励社会组织积极参与旅游扶贫开发。

第二，稳固发展特色生态农林产业。清远市积极推进林权制度改革，生态农林产业取得了较快发展，不仅稳定和完善了农村基本经营制度，而且建设了生态文明，既促进了农民就业增收，又促进了贫困人口生活质量的提高。具体做法包括：（1）加强现代农业园区建设，大力开展蔬菜水果基地等农业基地和特色生态产业示范点建设，全力打造绿色、优质、无公害粮食生产基地。加快发展有机食品生产基地、现代烟草种植基地、中药材种植基地、特色水果种植基地、茶叶种植基地、农林产品加工企业和森林旅游企业，建成肉牛、生猪、肉鸭、肉鸡、水产等特色养殖基地。（2）大力发展生态休闲农业，支持农民以庭前屋后等资源为载体发展农家乐，鼓励发展农家乐聚集村，重点推进北部地区1000家农家乐、家庭旅馆和家庭农庄的建设。（3）积极推行"龙头企业＋基地＋专业合作社＋农户经营"模式，加强农业、林业专业合作组织建设，鼓励和引导有条件的农民专业合作社发展成为综合服务专业合作社。大力发展以林下种植业、林下养殖业、林产品深加工、森林景观利用为主的林业产业经济，带动农民增收致富。

第三，创新发展绿色生态工业建设。清远市加强园区建设，大力发展绿色生态工业。加强清远民族工业园、广清产业转移园、阳山产业集聚区等工业园建设，支持清远民族工业园按规定程序纳入享受省产业转移政策范围，争取清远民族工业园内的企业享受民族地区企业所得税减免等税收优惠政策。加大招商引资力度，支持符合生态环境要求的战略性新兴产业、传统产业转型升级示范企业和龙头企业，以及高成长中小企业优先引入清远民族工业园，并在技术改造、技术创新方面给予支持，把民族工业园区建设成绿色生态、资源循环利用、创新管理体系融为一体的生态工业园区。加大对民族贸易和民族特需商品定点生产企业的扶持力度，完善相关政策，保障少数民族群众的生产生活特殊需求。充分发挥农村留守老人和妇女等剩余劳动力的作用，在有条件的地方大力发展新型绿色生态家庭手工业。发展生态环保产品来料加工业，建立和完善来料加工业服务平台，开展县级来料加工资金互助会试点，鼓励和支持来料加工经纪人培育加工专业村、举办加工车间和加工企业。此外，清远市支持北部地区利用丰富生态资源发展清洁能源产业，重点支持风能、太阳能、储能电站、地热、水电等清洁能源开发建设，争取国家、省、市放宽风电和光伏等新能源产业项目建设的限制，适当调整环保严控区范围。清远市将市北部地区纳入国家光伏扶贫试点，开展光伏扶贫项目，引入光伏发电企业，对贫困村和贫困户的光伏扶贫项目给予一次性初装费补贴和电价补贴。进一步加大水电电气化建设的力度，在有条件的地方进行中小河流水电梯级开发，推广建设微型水电站。

总体上，在绿色减贫的经济价值实现过程中，清远市绿色产业的发展发挥巨大作用。不论是生态旅游业的推进，还是绿色农业和工业项目的创新引进，通过对绿色项目的倾斜支持，对贫困人口产生了直接和间接的经济带动。自扶贫改革试验区成立以来，清远市从政策、项目、资金、人才等方面全方位支持绿色减贫的发展，并取得明显成效：从土地资源治理的角度看，土地碎片化程度得以降低，土地抛荒情况得以改善，土地益贫效益得以提升；从村庄总体治理的角度看，村庄各类资源得以优化配置，村庄人居环境得以整治，村集体经济收入得以增加；从贫困户益贫效益的角度看，贫困户对扶贫产业的参与度得以提升，贫困户的受益得以大幅增加，贫困户的脱贫自主性得以有效激发。

（四）构建生态补偿机制的资产收益方向

生态补偿是将生态环境保护与贫困人口减贫完美结合的有效路径。近几年来清远市一直深化生态环境补偿体制机制改革，完善补偿方式的具体操作，提高生态环境补偿资金的效益，完善环境评估方式和考核制度，强化对地方政府以及管理部门关于生态保护、生态补偿资金使用效率和社会效益等方面的评估，使生态保护的职责和生态补偿的收益相对称。清远市的生态补偿主要包括以下内容：一是从生态系统自身角度出发，对恢复或破坏生态环境系统所产生的费用进行补偿；二是通过各种渠道使生态环境产生的外部经济效益内部化；三是对区域或个人在生态环境保护方面所投入的真实成本和机会成本进行补偿；四是对于一些具有显著生态价值的生态环境区域进行投入。清远市的生态补偿扶贫主要依靠以上途径对贫困地区或贫困人口倾斜，使生态环境受到直接或间接保护的同时，促进贫困人口减贫，提升当地企业和个人对于生态环境可持续发展的意识。

具体而言，清远市大力实施了天然林保护、生态公益林建设、自然保护区建设、湿地保护、森林公园建设、生态景观林带、森林碳汇造林及乡村绿化美化等重点生态建设工程，大力支持北部地区开展生态公益林示范区建设等资金申报工作。支持和指导北部地区开发森林碳汇和绿色能源碳汇交易产品，参与国家和省温室气体自愿减排交易，建立并试点农户森林经营碳汇交易体系。推动纳入广东省碳排放权管理和交易的重点企业购买北部地区开发的林业碳汇交易产品。探索建立横向生态补偿转移支付制度，争取省、广州市和清远市共同在逐步提高林农生态公益林补偿标准的基础上，对生态发展功能区按照森林生态效益总值给予一定生态补偿。清远市通过直接的生态补偿和间接的补偿性激励让贫困人口参与生态环境的保护建设和维护，在保护生态环境的同时使贫困人口增加货币收入或获得公益性岗位。同时通过开展贫困地区生态综合补偿试点，健全公益林补偿标准动态调整机制，完善草原生态保护补助奖励政策，推动地区间建立横向生态补偿制度等一系列政策规定和实施措施，极大地推动了清远市绿色减贫的步伐。

三、清远绿色减贫经验启示

综合来看，清远市生态环境基础脆弱又相对贫困，正是通过改革创新，让该市贫困地区的土地、劳动力、资产、自然风光等要素活起来，让资源变资产、资金变股金、农民变股东，让绿水青山变成金山银山，带动贫困人口增收。总结清远市在绿色减贫中的积极探索与创新，得到的启示如下：

第一，积极构建生态全产业链，按照供给侧结构性改革要求大力发展绿色扶贫产业。贫困地区的生态文明建设与供给侧结构性改革有着密切关系。要坚持以绿色发展为核心，以打造现代产业新体系为目标，大力发展绿色扶贫产业。在传统产业改造提升上大力推进产业生态化，加快产业转型升级。在发展绿色扶贫产业上深入开展"互联网+"等行动，加快新旧发展动能接续转换。在战略性新兴产业培育上大力推进生态经济化，充分发挥山好水好空气好的优势，把生态环保与经济、文化旅游开发结合起来，积极推进"农村+旅游""农业+电商"发展模式，大力发展绿色经济。在项目布局上，严守生态、耕地保护、城市开发边界三条红线，实施空间、总量、项目三位一体的准入制度。在项目把关上，从源头控制污染物排放和资源消耗。

第二，积极探索和建立绿色减贫宏观运行机制。一方面，完善绿色减贫的理论研究，形成绿色减贫文化，增强绿色减贫机制内部融合性；另一方面，完善绿色减贫的融资和投资机制，推进绿色投资精准化。与此同时，以增强地方能动性为导向，完善绿色减贫的考核体系以及生态补偿机制。贫困地区的考核从以巩固脱贫成效为重点，逐步向绿色减贫综合效果方向转变。此外还应尽快制定绿色减贫各项法律和制度体系，将绿色减贫思想从制度上、政策上和法律上加以确定，并在实际工作中得以规范化地落实和实施。积极探索和研究建立科学的绿色减贫评价指标体系，尤其是绿色减贫溢出效应的测度评价补偿和市场化机制。例如，清远市深化生态环境补偿体制机制的改革，完善补偿方式的具体操作，提高了生态环境补偿资金的效益。除此之外，清远市完善环境评估方式和考核制度，强化对地方政府以及管理部门关于生态保护、生态补偿资金使用效率和社会效益等方面的评估，使生态保护的职责和生态补偿的收益相对称。清远市通过对主体功能区的规划，凸显出地方经济活动主体的发展功能，促使清远的区域分工和产业分工形成协调的发展模式，在重点区域发展高质量工业、第三产业和高新技术产业，优化产业结构，升级传统产业，提升产业层次和竞争力；生态发展区域因地制宜，避免走优化开发区域先污染后治理的老路，选择本地资源密集型产业抑或劳动密集型产业。

第三，积极推动形成绿色减贫方式和生活方式。在贫困地区，尤其要在脱贫攻坚进程中大力培育具有新时代特点的绿色文化和生态道德软实力，推动绿色文化理念内化于心、外化于行。通过打造蕴含不同生态文化主题创意的生态文化产品和产业品牌，纳入公序良俗、乡规民约；把绿色生态文明理念、绿色减贫理念纳入国民教育和干部培训体系；积极推进农村生活方式绿色化，让绿色生活方式成为农村居民的习惯；通过完善公众参与、监督等制度，充分发挥各类社会、民间组织和志愿者作用，深入开展创建绿色学校、绿色社区等行动，形成绿色减贫、绿色发展、崇尚生态文明的乡村社会新风。

第十二章
城乡融合：破解二元结构难题

　　由于城乡生产要素的定价机制不同，导致城乡资源要素的交换不平等，损害了农民群体的发展利益，使农民失去同步发展的机会，从而引发和加深农民贫困问题。推进区域融合发展是打破城乡二元困境的必要路径。通过区域间的深度合作，找到并破除城乡、区域协调发展的体制机制障碍；通过发达地区对欠发达地区的引领带动，为贫困地区和贫困户挖掘更多发展机遇。清远市力推城乡融合发展策略，推动工业和农业、城市和农村协调发展，以统筹规划、体制改革和政策调整为抓手，旨在破解城乡二元困境、推进城乡扶贫一体化。本章将结合清远扶贫工作中的扶贫一体化探索之路进行分析。

一、城乡融合发展的历史脉络

纵观我国城市与农村的治理模式，可以清晰地发现城乡治理模式呈现由最初的分治到逐步融合的趋势。1949—1978年，城乡管理模式呈现出强行政化、封闭式管理特征，城镇表现为较强的"单位制"，单位社区和街道居委会是城市管理的主导力量。农村的管理模式则表现为"公社化"，由人民公社和生产队管理农村的一切。到了1978年，随着改革开放的推进，市场经济背景下的城乡社区结构随着资源配置机制的转变也发生了调整。城市方面，强调服务供给的城市社区取代了单位制社区；农村方面，村民自治基础上的农村社区取代了社队体制。党的十七大后要求统筹城乡社区发展，强调公共资源在城乡之间的均衡配置，为城乡社区治理创新开启了新的方向。20世纪90年代，由于城市社会经济的迅猛发展，大量农村劳动力流入城市，城乡之间的人口流动现象更是方兴未艾。据统计，90年代初，流动人口2100万，不到总人口的2%。到2017年底达到2.44亿，占总人口的18%，尤为重要的是，80%的流动人口是从农村地区流向城市地区，少部分人口流向乡村[②]。城乡人口的快速流动推动城乡一体化的迅猛发展。

2017年6月，中共中央、国务院印发《关于加强和完善城乡社区治理的意见》，首次以"城乡统筹"为原则取代了传统"城乡分开"的阐释方式，标志着我国城乡社区融合发展、统筹治理进入新阶段。可以说，城乡融合发展是消除绝对贫困和缓解相对贫困的有效方式。基于城乡扶贫一体化的思想，清远市探索出一系列切实可行的扶贫方式。

---

② 王谦.城乡发展必须重视迁移流动这一中国人口发展的新特征[N].21世纪经济报道，2017-12-18（004）.

二、打破二元结构的清远探索

（一）清远市城乡融合机制的政策思路

在明晰和理清城乡二元结构的困难和挑战之上，秉持着城乡一体化的发展思路，清远市制定了城乡融合发展的目标和任务。其中，在主要目标上，清远市拟初步建立城乡融合发展的体制机制，城乡要素自由流动制度性通道基本打通，农村基础设施明显改善，农村基本公共服务水平明显提升，农村一二三产业融合发展取得明显突破，乡村治理体系基本健全，农村居民收入水平较大提高，农村人居环境显著优化。在重点任务方面，清远市围绕着城乡融合的主题制定战略的重点任务：第一，探索建立健全有利于城乡空间统筹规划的体制机制。清远市试图通过同步规划城乡建设、规划农业、工业和服务业产业建设、基本公共服务建设等方面建设工程，来积极探索推进城乡一体化的体制机制。第二，探索建立健全有利于城乡要素合理配置的体制机制。清远市旨在通过改革农业转移人口市民化机制、农村承包地制度和农村宅基地制度来推进城乡体制的一体化。通过建立城市人才入乡激励机制、集体经营性建设用地入市制度、财政投入保障机制、乡村金融服务体系等机制来促进城乡要素的自由流动。第三，探索建立健全有利于城乡基本公共服务普惠共享的体制机制。城乡基本公共服务普惠共享主要从以下两方面展开：一是健全城乡教育资源均衡配置机制，健全乡村医疗卫生服务体系；二是完善城乡统一的社会保险制度，统筹城乡社会救助体系等。第四，探索建立健全有利于乡村经济多元化发展的体制机制。主要包括两方面的目标：一方面是探索产业发展机制，包括建立乡村文化保护利用机制，搭建城乡产业协同发展平台，健全城乡产业统筹规划机制；另一方面是提供农产品的价值，包括积极探索完善农业支持保护制度，建立新产业新业态培育机制，探索生态产品价值实现机制。

（二）措施一：推动城乡基础设施一体化

清远市积极探索建立城乡基础设施统一规划、统一建设、统一管护的机制，加大对农村基础设施建设的投入，不断完善农村基础设施功能，加快推进城市基础设施向农村延伸，建成覆盖城乡的基础设施网络，实现基础设施城乡共建、城乡联网、城乡共享。在手段上：

一是创建"四好农村路"。清远市全面推进镇通行政村公路改造、村委会通自然村村道路面硬化、自然村村内道路硬化。截至2020年底，全市农村公路全面实现硬底化，路面铺装率为100%；实现通100人（20户）以上自然村至少有一条硬化路通达的目标。

二是推进村村通自来水工程建设。清远市统筹推进农村集中供水设施及配套管网建设，推进全域自然村集中供水工作，基本形成覆盖农村的供水安全保障体系，261个省定贫困村、自然村实现集中供水全覆盖。

三是推进农村电网改造。清远市大力实施新一轮农村电网改造升级工程，着力解决农村配电网"卡脖子""低电压"等问题，实现城乡电力服务一体化，截至2019年底，全市基本完成农村地区"低电压"治理。

四是实施村村通宽带网络工程。清远市加快推动信息基础设施建设，力争实现4G、5G网络农村全覆盖，光纤宽带网络向自然村延伸，截至2019年底，已实现全市行政村4G网络全覆盖，自然村普遍覆盖。

五是推进农村"厕所革命"。清远市推行农村无害化卫生户厕建设，大力开展文明公厕创建，力争实现城乡文明公厕创建和农村无害化卫生户厕全覆盖。

六是加强农业基础建设。清远市大力推进农村水利基础设施建设，持续推进灌区、泵站更新改造工程建设，持续推进高标准农田建设，加快推进农业科技创新，加快信息进村入户工程建设。

七是梯度创建美丽乡村。清远市将生态宜居美丽乡村示范创建分为整洁村、示范村、特色村、生态村、美丽田园五个梯度，采用奖励措施激励农村自治。

清远市从水、路、电、讯、厕所、农业和村庄基础设施七个方面全面推进升级改造。这一方面有利于改善贫困群体的生活水平，享受更多的生活福利；另一方面能缩小农村与城市之间的差距，共享经济发展成果，促进社会公平正义。

（三）措施二：推动城乡公共服务均等化

清远市积极探索建立城乡统一的公共服务机制和公共产品供给体系，扩大公共财政覆盖农村的范围，推动公共服务向农村延伸、社会事业向农村覆盖，推进城乡公共服务均等化。

一是优先发展农村教育。首先，统筹规划布局农村基础教育学校，推进教育服务向城镇和农村社区集聚，保障学生就近享有优质教育。其次，建立以城带乡、整体推进、城乡一体、均衡发展的义务教育发展机制，提升农村居民受教育水平。最后，统筹调配城乡教师资源，逐年解决乡村学校教师队伍老龄化和结构性学科教师紧缺问题，逐年提高乡村教师福利待遇。

二是推进农村公共文化服务体系建设。公共文化服务建设包括以下几个方面：其一，加强图书馆、文化馆建设，促进县域公共文化资源向镇村延伸；其二，推进基层综合性文化服务中心全覆盖建设，健全基层公共文化服务网络；其三，深入推进文化惠民，公共文化资源重点向乡村倾斜，培育挖掘乡土文化本土人才，活跃繁荣农村文化市场；其四，大力传承、发展和提升农村优秀传统文化；其五，积极开展文化下乡活动，不断创新文化服务方式，拓展基层文化活动方式，繁荣农村文化。

三是健全医疗服务保障制度。清远市积极推进健康清远建设，深化医药卫生体制综合改革，推动"互联网+医疗健康"建设，提升基层医疗卫生服务能力，推进分级诊疗，推进健康村镇建设。截至2019年底，全市乡镇卫生院（社区卫生服务中心）基本达到国家上限标准化建设要求，全市规划的1017个村卫生站基本完成"公建民营"标准化建设。

四是建立健全乡村治理机制。整体上，通过农村教育、医疗、行政管理等公共服务水平的提升，有益于农村人口与城市人口享受同等化的公共服务，可以做到经济发展成果共享，让农村人口享有更多的基本权利和公平公正的机会。

（四）措施三：推动城乡资源要素同权化

清远市积极探索构建城乡要素自由流动和平等交换的体制机制，引导土地、资本、劳动力、技术、人才、信息等资源在城乡之间按照资源优化配置原则合理流动，促进各类要素更多向乡村流动，为乡村振兴注入新动能。

一是建立健全农业转移人口市民化机制。首先，清远市深化户籍制度改革。其次，以经济发展促进城镇化。最后，探索建立由政府、企业、个人共同参与的农业转移人口市民化成本分担机制。

二是建立工商资本和人才资源下乡激励机制。首先，政府完善融资和配套设施建设等补助政策，为引导社会资本进入农业领域投资做好准备。借助政策支持引入的社会资本与村集体合作发展壮大集体经济。其次，建立引导各类人才投入乡村振兴的政策机制，积极推动市民下乡、能人回乡、企业兴乡，服务乡村振兴事业。

三是全域推进农村土地整合治理。清远市积极探索解决农村承包地细碎化问题的有效路径，其一是引导农民在自愿的基础上以多种方式整合耕地，实现承包地连片集中；其二是以农民为主体开展田、水、路综合治理，完善农田基础设施建设；其三是大力实施垦造水田项目。

四是积极推进农村土地股份合作制经营。首先，完善农村承包地"三权"分置制度。其次，在放活农村土地经营权的基础上，创新土地股份合作的实现形式，引导农民依法以承包土地经营权入股组建农民合作社或土地股份合作组织，参与农业产业化经营。最后，全面推广统一整合、统一产业、统一技术、统一销售、分户经营"四统一分"的集约化、规模化经营模式。

五是建立农业农村发展用地保障机制。清远市通过增加乡村建设用地计划指标来支持乡村产业发展。

六是探索建立城乡统一的建设用地市场。清远市积极探索农村集体经营性建设用地的使用制度，包括土地的出让、租赁，形成同权同价、流转顺畅、收益共享的农村集体经营性建设用地入市等内容。

七是有效盘活利用农村宅基地。清远市积极探索宅基地所有权、资格权、使用权"三权"分置，适度放活宅基地和农民房屋使用权。

八是创新财政金融支农投入机制。清远市积极探索建立涉农资金统筹整合长效机制，主要做法一是下发管理权限；二是创新金融支农体制机制；三是积极探索新型农业经营主体以土地经营权、农民以集体资产股份抵押担保贷款办法。

整体上，通过优化要素配置、促进城乡互动发展、增强区域整体实力是脱贫的根本出路。生产要素的同权化有利于清远市区域竞争实力的提升和城乡发展一体化的融合，从而有利于提高中心城市的带动力、增强区域发展的协同性。

（五）措施四：推动农村经济发展多元化

清远市围绕推动乡村"农业兴、百业旺"，着力发展现代农业，培育新产业新业态，完善农企利益紧密联结机制，促进乡村产业多样化、经济多元化。

一是完善农业支持保护制度。清远市通过农业供给侧结构性改革，探索以生态优先、绿色发展为导向的农业高质量发展新路子。例如，高水平建设粤北生态特别保护区，推动"三连一阳"地区国家重点生态功能区建设，筑牢粤北生态屏障。

二是加快培育新产业新业态。清远市加快完善培育农村新产业新业态，连线成片打造一批农业公园、森林人家、康养基地、乡村民宿、乡村旅游点等旅游产业带，打造全域乡村旅游的清远样板。

三是加强农产品市场体系建设。首先，紧抓"广清一体化"的发展机遇，以大市场带动大农业，加快清远农业"入珠融湾"步伐，推动"大湾区'菜篮子'建设工程"产品配送清远分中心建设。其次，积极建设广清农业众创空间，构建新型"前店后场"模式，在广州主要商区、社区开设"清远农家"生鲜、餐饮旗舰店和门店，加快推进"互联网＋现代农业"。

四是建设城乡产业协同发展平台。清远市围绕推动乡村"农业兴、百业旺"，着力发展现代农业，培育新产业新业态，完善农企利益紧密联结机制，促进乡村产业多样化、经济多元化。

五是完善农业支持保护制度。主要做法如下：其一，深化农业供给侧结构性改革，探索以生态优先、绿色发展为导向的农业高质量发展新路子。其二，加大财政对农业、农民的投入和补贴力度，加快健全现代农业产业体系、生产体系、经营体系，做强农业、稳定农民。其三，高水平建设粤北生态特别保护区，推动"三连一阳"地区国家重点生态功能区建设，筑牢粤北生态屏障。

整体上，清远市多途径发展农业产业，增加投资、拉动消费，无疑是经济新常态下稳增长、调结构、转方式的必然选择，将极大激发本地区农村的投资潜力，开拓农村市场空间，带动产业升级换代，进而推动本地区经济的平稳增长，带动贫困家庭增收脱贫。

综合来看，城乡一体化的四个举措实质上都是在推进农村的城镇化发展，将城市的资本、技术、发展经验等引入农村社会，盘活农村社会中沉睡的资本，让农村资源也能够流入市场，创造更大的经济效益，从而增加农民收入，提高农民生活水平。

三、清远扶贫一体化经验启示

清远市推行城乡融合战略以来，经济社会发展取得了较大的成就，在推进城乡一体化方面积累了诸多宝贵的经验。具体来看：

第一，建立城乡要素双向流动制度。城乡融合发展的推进需要良性的城乡关系，农村需要在实际层面与城市居于平等的地位，发挥市场在资源配置中的决定性作用，做到公平和互惠。单向的要素流动归因于政府对城乡关系的过多干预，致使农村长期处于弱势地位。乡村振兴阶段，良性城乡关系中发挥资源配置作用的应当是市场经济，城乡间形成一种双向的全要素自由流动，实现一体化的发展。从操作上，一是做到劳动力的自由流动，改革人口管理制度，实行城乡统一的户籍管理，鼓励一批批热爱农村、愿意投身农村发展的城镇人口向农村流动，实现人力资源的优化配置。二是做到土地资源的自由流动，改革土地管理制度，实现城乡地权平等交易。三是保持农村集体土地产权的稳定性，建立健全农村集体土地产权制度，通过加快农村土地集体所有权、农户承包权、土地经营权的"三权"分置，增强集体经济实力，使农村集体经济组织的治理法人化。四是活化资本市场，引导城市资本流入农村，一方面建立健全兼具多元化和普惠性特征的乡村金融体系，积极发挥相关的政策性银行融资优势，建立县域金融服务网点，吸引村镇银行、小额贷款公司以及农业保险等新型农村金融服务机构参与，为农村发展提供精准化、差异化的金融服务产品；另一方面适度消除和降低农村金融市场的门槛限制和准入条件，引导互联网金融、股权投资基金、产业投资基金以及风险投资基金等参与农业现代化建设。此外，进一步创造条件，促进知识、信息、技术等其他要素向农村流动，实现农村与城市市场间良性开放发展。

第二，健全城乡基本设施和公共服务普惠共享制度。城乡之间不平衡最突出的表现就在于基本公共服务发展水平的不平衡，公共服务仍然是乡村发展明显的短板。清远市的主要做法中有推动城乡公共服务均等化、推动城乡基础设施一体化，均是致力于农村发展弥补短板。基础设施和公共服务能提高贫困家庭的生活水平，给予他们参与更多社会活动的机会和权利。从实践操作上看，首先是教育，要建立城乡教育资源均衡配置的机制。农村教育远落后于城市，要优先发展农村的教育事业，促进各类教育资源向乡村倾斜，包括基础设施和人才资源，建立均衡发展的义务教育发展机制，用教育公平来促进整个社会的公平正义。其次是医疗卫生，要健全乡村医疗卫生服务体系。公共医疗卫生的水平对保障国民的健康水平具有重要意义。要建立完善相关的政策制度，统筹加强乡村医疗卫生人才和医疗卫生服务设施的建设，并通过鼓励县医院和乡村的卫生所建立医疗共同体，鼓励城市大医院对口帮扶或者发展远程医疗来缓解农村居民看病难、看病贵的问题。完善统一城乡的社保制度。医疗保险、养老保险等，是城乡居民最关切的民生热点。未来要加快实现各类社会保险标准统一、制度并轨，充分发挥社保对保障人民生活、调节社会收入分配的重要作用。

第三，构建城乡产业融合发展制度。城乡扶贫一体化的目的是带动农村经济发展，增加贫困家庭收入，增收最有效的方式是产业带动，因此必须构建城乡产业融合发展的制度。清远市推动农村经济发展多元化的措施旨在于此，通过培育新型农业经营主体，发展产业，带动贫困农户，完善农企利益紧密联结机制，从而增加贫困农户的收入。产业融合发展必须完善农业支持保护制度、建立新产业新业态培育机制，从而延长乡村的农业链条、用移动互联来丰富和发展农业业态，进而增加农户收入。具体而言，一是改革农村集体产权制度，建立归属清晰、权能完整、流转顺畅、保护严格的现代产权制度，以现代产权制度引导农村集体经济发展，保护农民合法权益，盘活农村集体资产。二是加快完善农业财政补贴政策，将农业财政补贴与农业发展趋势结合起来，更加注重农业产业结构调整，推动农业农村不断发展壮大。三是完善培育机制、创新培育内容，强化能力培训、素质培训，引导培育一批爱农业、懂技术、善经营的新型职业农民。乡村经济将形成以现代农业为基础，以农村一二三产业融合发展、乡村文化旅游等新产业、新业态为重要补充的经济形态。

整体上，城市与乡村是一个相互依存、相互融合、互促共荣的生命共同体，缓解相对贫困和发展乡村振兴事业必须树立城乡融合发展的理念。城乡融合必须做到三方面：第一，要完善城乡融合的政策体系，把城市与农村看成一个平等的有机整体；第二，实现公共服务和城乡融合的均等化，把政府掌握的公共资源优先投向农业农村，促使政府公共资源人均投入增量向农村倾斜，逐步实现城乡公共资源配置适度均衡和基本公共服务均等化；第三，大力促进城乡要素融合互动，加快推动城市资本、技术、人才下乡的进程，实现城乡要素双向融合互动和资源优化配置。

第十三章
清远改革缩影：连樟村的巨大变化

连樟村是英德市连江口镇唯一的省定相对贫困村，面积 31.83 平方公里，其中林地 4.3 万多亩、水田 905 亩。共有 17 个村民小组，482 户、2225 人，设村党总支部 1 个，下辖 2 个党支部，党员总数 71 名，其中外出党员 22 名、60 岁以上党员 29 名。

在总书记的叮嘱之下，连樟村在各级党、政府的领导下，全面贯彻党中央、国务院和省委、省政府打赢脱贫攻坚的决策部署，坚持精准扶贫、精准脱贫方略，深化资源变资产、资金变股金、农民变股民的"三变"改革，建设村级"扶贫车间"，落实民生保障，加强基层党建，完善乡村治理机制，并利用碧桂园集团等社会帮扶力量，创新推动产业扶贫，全面完成相对贫困户脱贫攻坚任务，推进贫困村创建新农村示范工作，整村达到出列标准。下面，我们就以连樟村的改革历程，作为清远改革的一个具体缩影，来具体见证一个小小村庄的巨大变化。

一、先试先行：连樟村两大改革主线

2019年12月19日，国家发展改革委、中央农村工作领导小组办公室、农业农村部等18个部门联合印发《国家城乡融合发展试验区改革方案》，包括广东广清接合片区在内的11个试验区可以深入探索、先行先试，探索建立城乡基础设施一体化发展体制机制，建立城乡基本公共服务均等化发展体制机制等多方面的改革。

（一）打造振兴综合示范片区

连樟乡村振兴综合示范片区规划范围"2+9"，即包括连江口镇镇区（城樟居委会）、黎溪镇镇区（黎溪居委会），以及两镇下九个行政村，共222个自然村，总面积约385.59平方公里，其中连樟村、恒昌村、黎洞村为省定贫困村。在发展过程中，连樟村以全域旅游为抓手，推动示范片区乡村旅游融合发展。整合连樟村、浈阳峡、大樟沙滩、铁溪小镇、白水寨、吴光亮故居、古驿道等旅游资源，联动发展，积极打造观光休闲、采摘体验等多元化旅游产业发展，打造北江文化风光休闲乡村旅游线路和连铁古驿道美丽乡村徒步精品旅游线路，与一二产业相配套，实现片区的三产融合，推动片区经济发展。

连江口镇连樟乡村振兴综合示范区发展思路如下：

第一，打造连樟村党建示范高地，实现党建引领促发展。一方面，将连樟村打造成为全国党建示范高地，围绕乡村振兴研习、党建学习接待、党建理论研习、精准扶贫模式推广四个方面做足党建核心功能。另一方面，以党建促经济发展，探索"党建+产业""党建+扶贫""党建+营销"等党建衍生功能，以连樟村为先导，形成以党建文化旅游产业为主导，融教育培训、文化创意、生态休闲、养老养生等新兴经济板块协同发展的产业大格局。

第二，保障主导产业高质量发展，深化示范区产业扶贫。连樟乡村振兴综合示范区以果菜茶产业、旅游产业两大产业为主导产业，依托省级现代农业产业园和"一村一品、一镇一业"富民兴村两大平台建设，持续推进果菜茶产业发展。加快构建产销一体、一二三产业融合的现代农业产业体系，提升农业产业竞争力，深化产业扶贫，打造全国推进精准扶贫和实施乡村振兴的示范区。

第三，破解城乡二元结构，推进城乡融合发展。一方面提供优惠政策，依托本地龙头企业，吸引城市资源要素进入连樟乡村振兴综合示范区，助推示范区产业植入、人才培训、运营管理、技术研发、风貌美化、设施完善全面提升。另一方面，借助地理优势，推动连樟乡村综合示范区与粤港澳大湾区要素自由流动、平等交换。与粤港澳大湾区形成工农互促、城乡互补、全面融合、共同繁荣的新型工农城乡关系。

第四，紧扣生态宜居理念，推进乡村景区化发展。清远市以提升人居环境、推动经济发展和塑造地域特色为目标，对乡村的物质存留和抽象的非物质文化等乡村元素进行优化设计改造，打造风貌协调、宜居宜游的乡村居所；多维度开发利用田园风光，建设绿色景观通道，打造乡村生态道路，让乡村色彩更丰富。

（二）发挥党组织"头雁"功能

首先，连樟村高质量强化基层党组织建设。在优化党组织结构方面，把党总支下辖的5个党支部调整优化为2个党支部；推行"三包三联系"制度，党员设岗定责做好党群志愿服务，制定微权力清单、重大事项决策制度、"四类"队伍考核机制、村级组织向党组织汇报工作制度；做好工作示范，做好党员示范岗，共产党员户挂牌和达标创优等示范工作；做好党建工作质量保障的监管，开设村（社区）管理服务信息系统，工作进展定期通报；做好基层基础保障工作。另一方面是紧抓队伍建设，党总支部书记和党支部书记协力开展"头雁"工程，市县两级组织部部长二对一帮扶，强化业务指导、工作能力，树立标杆作用。村"两委"干部随镇政府跟班锻炼，提升个人能力。卸任党组织书记积极传授工作经验，帮助和带动村工作干部，做好巡查和督促指导工作。党员同志接受市、县、镇三级党校培训，高质量发展党员，集体经济项目有党员任要职、重要工作团队有党员引领。

其次，高标准建设党群活动基地。连樟村升级改造党员服务中心，新建党支部办公场所，为党员办公提供稳定场所；新建党建展示馆、党建长廊和文化墙，用于党建的文化宣传；新建党群活动中心和连樟村乡村振兴学院，用于党员的培训和发展。

最后，高频率开展感恩奋进活动。连樟村运用活动载体把党员群众的感恩情感转化为拥护党的领导、支持村党组织的思想动力。结合"不忘初心、牢记使命"的主题，开展感恩奋进活动，将习近平总书记的殷切期望转化为振兴乡村的实际行动。建设党群"议事厅"，为建设美丽乡村凝聚党群智慧。此外，加强村民教育培训，适时开展文艺活动、入村宣传和思想政治工作，营造和谐欢乐氛围。

二、贯穿融汇：连樟村五大探索路径

路径1：推进新型城镇化，充分释放内需潜力和发展潜能。归纳总结连樟村在破解城乡二元结构的探索路径逻辑，首先，是剥离"农民"和"土地"。连樟村推进以人为核心的新型城镇化，加快农业转移人口市民化，探索有效剥离依附在户籍管理上的各项管理职能。在土地整合方面，开展土地的整合治理，依法依规开展土地确权，为农业户籍人口自由流动奠定基础。其次，行政放权推进基层自治。连樟村按照"依法下放、能放则放"的原则，将乡镇发展迫切需要的部分市、县级权限下放。具体而言，连樟村积极推进"三个重心下移"工作，建设农村社会综合服务站，负责承接上级政府部门延伸到村级的党政工作和社会管理服务。最后，形成区域集聚经济，具体手段是以连江口镇、黎溪镇为重要节点，整合北江沿线"北江三峡"、飞霞山风景区、古驿道和周边农业产业等生态、文化、农业旅游资源，加快"万里碧道"建设，建设北江旅游经济带。

路径2：推进城乡基础设施一体化：推动乡村基础设施提档升级。连樟村的改革思路是，以示范片区为整体，推进城乡基础设施一体化。具体来看，其一是统筹规划布局道路建设，推进城乡路网一体化规划。其二是统筹抓好"厕所革命"、垃圾处理、污水处理等村庄环境基础设施建设。其三是推进连樟村集中供水、供电、通信工程建设，对连樟村电网升级改造，建设城乡一体化智能绿色电网。

路径3：推进城乡公共服务均等化：建立健全普惠共享的城乡基本公共服务体系。在文化建设方面，连樟村按照《英德市破解城乡二元结构示范片区文明村镇建设创建实施方案》，成立了市、镇、村三级建设专班，建立统筹协调、周检月结、现场调度等工作机制。随后，规划建设连樟"乡村振兴学院"、党群文化中心等文化基础设施建设，积极开展文明创建和新时代文明实践活动。在完善公共服务基础设施建设方面，连樟村建设党群活动中心，为村内党员提供活动场所；开通5G网络，保障通信网络全覆盖，是全国首个开通5G网络的村庄；开通校车，接送学生上下学，保障出行安全。在完善医疗卫生服务体系方面，连樟村建立标准化的卫生健康服务中心，配备标准医疗器材，改善医疗条件；探索"互联网+医疗健康"，建设医联体提升医疗服务水平；实施远程医疗、巡回医疗（流动义诊），由市内专家医生提供医疗服务，提高医疗服务水平。在完善乡村治理体系方面，首先，连樟村推行三包三联制度；其次，推进行政体制的立体化，由上而下合作保障行政工作的有效性。在建设农村社会综合服务站方面，为充分发挥农村社会综合服务站的作用，连樟村推动村级行政事务与自治事务相分离，逐步剥离村委会承担的行政和公共管理事务，实现政府行政管理与基层群众自治的有效衔接和良性互动，为群众提供便利、优质、高效"一站式"服务，做好包括党务管理类、金融服务类、劳动与社会保障类等八大类108项服务。

路径4：推进城乡财产权益同权化：有效提升农村资源要素使用效率和供给效益。 归纳来看，一是深化农村耕地整治整合；二是深化农村合作金融改革；三是深化宅基地制度改革；四是探索农村集体经营性建设用地与国有土地等同人同权同价。具体来看，连樟村综合示范区内的村庄已进行普惠性资金整合，经济社将涉农资金代扣到集体账户中。农村金融改革完成农户信用信息的采集和录入，建设信用村、乡村金融（保险）服务站、乡村助农取款点等；推行土地所有权、资格权、使用权"三权"分置，探索适度放活宅基地和农民房屋使用权的有效实现形式；探索宅基地有偿使用机制；此外，连樟村鼓励村集体组织盘活闲置农村建设用地，通过村庄整治、废弃地整理等节约出建设用地，以出租、联营、入股等方式开发民宿等休闲旅游产业。

路径5：推进乡村经济多元化：多渠道增加农民收入。 一是切实增强农村造血能力。连樟村推动"两阵地、一工程"培养新型职业农民。"两阵地"是指依托乡村振兴、现代农业科技示范园两阵地，大力培养新型职业农民、农村实用人才；"一工程"是指探索建立多元化、多层次实用人才培训体系，实施"粤菜师傅"工程；二是推动构建"5+2"现代农业体系。其一，是依托"五大项目"发展产业，探索农村产业项目与贫困户利益联结机制。"五大项目"包括林下经济（中药材、食用菌种植基地），麻竹笋加工厂，异地养猪循环经济项目，花生油加工车间建设。其二，是依托"两大园区"，培养新型农业经营主体。发挥现代农业科技示范园和海南润达公司农业龙头企业示范引领作用，推动简易蔬菜大棚、休闲观光（水果种植）基地建设等项目落地，培育新型农业经营主体，探索小农户与现代农业发展有机衔接机制。

综合而言，连樟村"1+1+5"（党建引领＋改革主线＋五个路径）改革计划努力尝试从内部建设和外部带动两方面推进扶贫一体化的建设。从内部建设层面看，连樟村紧抓"筑巢引凤"的宗旨，积极改善自身基础设施、公共服务、产业基础、科技人才等多方面的水平，为城市资本的引入奠定基础。从外部带动层面看，连樟村利用地理优势，抓住广清一体化的发展契机，依据市场的需求，发展产业打开市场销路，同时引入城市的资本、技术、人才等多方面生产要素带动自身的区域经济的发展。内部建设和外部支持共同推进连樟村城乡扶贫一体化的平稳发展。

三、自强不息：连樟村的发展成效

第一，多措施并举，构建多元扶贫产业体系。连樟村紧抓扶贫与扶志、扶智相结合，不断转变贫困户脱贫致富的干劲和内生动力，并在此基础上精细谋划、因地制宜、找准定位，多管齐下。通过一二三产业融合发展和长短项目结合，精准施策推进产业就业扶贫，发展了一批能带动贫困户稳定脱贫的产业。连樟村通过几种产业模式的配合，构建出一套产业扶贫体系。通过推行"公司＋专业合作社＋基地＋贫困户"的扶贫模式，带动全村有劳动能力的贫困户家庭增收；二是建造扶贫车间，带动贫困群体就业；三是村委会引导建立英德市顺达种养专业合作社，打造特色产业，例如2018年春季建起面积近50亩的西瓜芭乐（红心番石榴）示范生产基地；四是利用山林资源发展林下经济，带动特色产业及生态旅游发展。

第二，环境整治成效斐然，建成新农村示范村。通过清远市帮扶单位及碧桂园集团的大力支持，连樟村积极完善便民基础设施，深入推进农村人居环境综合整治工作，组织开展美丽乡村建设和新农村示范村建设，促使连樟村发生较大变化。具体来看，一是实现公路硬化村村通，解决交通出行难题。支持改造和新建道路6公里，解决了13个村小组的行路难问题；二是完成环境整治，村容村貌焕然一新。连樟村成为英德市"农信杯"十大最美乡村评选网上投票第一名，还获得由第一财经联合80家媒体主办的2018年乡村振兴发展论坛的"2018中国最美村镇——乡风文明奖"，同时，根竹坪新村成为全镇首个被清远市授牌的"美丽乡村整洁村"；三是水路电讯基础设施获得质的提升。连樟村积极帮助落实有关惠农项目，实施高标农田整治建设，全面推进电网升级改造和移动通信信号覆盖、光纤宽带网络入村，并协助开设银行助农取款服务点，有效改善村内基础设施条件；四是乡村旅游产业蓬勃发展。自2018年习近平总书记深入连樟村调研考察后，连樟村吸引诸多部门和企事业单位组织在此举办主题党日活动和工会活动，重走习近平总书记考察调研行程线路，极大地推进了连樟村的旅游产业发展。

第三，扶贫改革稳步推进，村庄治理水平切实提高。为帮助提升村庄治理水平，切实维护村庄和谐稳定，保障脱贫攻坚工作顺利进行，连樟村切实推进了"六个整合"工作。一是结合推进农村综合改革，帮助促进"三个重心下移"和"三个整合"，促进了乡村治理；二是结合加强乡村文明和卫生建设等工作，加快文明村、卫生村等创建工作，特别引导村民做好生活垃圾处理，主动圈养禽畜和拴链狗犬，搞好"门前三包"清洁卫生；三是结合加强法治教育宣传，帮助完善村规民约，帮助村"两委"干部提高依法依规办事的能力；四是结合弘扬社会主义核心价值观，着力帮助群众转变落后意识和不良陋习；五是结合完善村民自治制度，积极推进村务监督委员会建设，规范民主决策、民主管理、民主监督制度、完善乡村治理机制，落实村务公开和群众监督制度，促进村级事务公平公正公开；六是结合落实好脱贫攻坚相关政策，提高人民群众对扶贫工作的满意度和幸福感，促进了村庄和谐稳定。

综合而言，通过连樟村的案例，可以深入理解农村经济社会的发展离不开城市的带动，建立脱贫攻坚的长效机制必须做到城乡一体化发展。城乡融合发展必须破除城乡二元结构的困境，实现资本、劳动力、土地等生产要素的自由流动，连樟村综合示范区的"1+1+5"的创新性改革恰是紧抓此关键之处。只有城乡间基础设施、公共服务、生产要素等方面均等化和同权化，农村的经济社会才能获得长足发展。